개정

# 개호보험과 사회보장개혁

저자 이토우 슈헤이
옮김 장세철 · 권순호
김윤진 · 박현정
이서영 · 조문기

교육과학사

"KAISEI" KAIGO HOKEN TO SHAKAI HOSHO KAIKAKU
by Shuhei Ito


Originally published in Japan in 2005 by Yamabuki Shoten, Tokyo
Korean translation rights arranged with Yamabuki Shoten
through THE ENGLISH AGENCY(JAPAN) LTD.

# 역자서문

이 책은 사회보장법학자인 카고시마대학의 이토우슈헤이 교수가 2004년에서 2005년까지 집필한 논문들을 정리하여 2005년 개정된 개호보험법의 내용과 문제점, 사회보장개혁의 동향에 대해 정리한 『「개정」개호보험과 사회보장개혁』을 한국어로 번역한 것이다.

일본은 이미 2000년에 장기요양보호시스템(일본에서는 개호보장시스템으로 부름)으로 개호보험제도를 도입하여 시행하였으며, 2005년에는 개호보험법을 개정하는 등 사회복지의 여러 분야에서 제도개혁이 추진되고 있다.

한편, 우리나라는 세계적으로 유래 없이 빠른 고령화가 진행되면서 고령사회에 대응 가능한 정책수립에 고심하고 있다. 이러한 대책의 일환으로 2008년 7월 한국형 개호보장시스템으로 노인장기요양보험제도가 도입되었으나, 새로운 제도에 관련된 인프라 구축 및 제도운영준비과정은 독일이나 일본에 비해 짧은 기간에 추진되었으며, 이러한 새로운 제도 도입에 앞서 장기요양보호시스템을 어떻게 구축할 것인지에 대해서도 충분하게 논의되지 못한 것이 사실이다.

이 책은 우리에게 제도시행 5년째에 일본이 시도한 대대적인 개호보험법의 개정내용의 파악뿐 아니라 본래의 의미에서의 보편적 사회복지제도의 구축, 다시 말하면 사회보장시스템으로써 공적인 장기요양보호시스템을 어떻게 구축해야 하는 것인지를 생각하게 하고 있다는 점에서 그 의의가 있다.

일본에서는 개호보험제도 도입 당시, 왜 공적개호보장시스템이 왜 사회보험방식이어야 하는가에 대해서는 충분한 논의가 없었으나, 1995년 중반 이후 사회보험방식에 대한 반론과 의문이 활발하게 제기되기 시작하였는데, 이 책의 저자인 이토우슈헤이 교수는 처음부터 정부주도로 추진된 보험방식의 개호보장도입시스템에 대해 비판적 관점에서 의문을 제기해 왔고, 사회보장으로써의 개호보장시스템은 보험방식이 아닌 공적 비용을 부담하는 방식으로 전개되는 것이 바람직하다고 주장해 왔다.

최근 우리나라에서는 일본의 개호보험제도 및 사회보장을 다룬 책들이 번역되어 소개되고 있다. 그러나 번역서의 대부분은 일본의 제도 및 정책을 소개하는 데에 그치고 있는 경우가 많다. 그러나 이 책은 일본의 제도 및 정책의 흐름을 소개할 뿐 아니라, 보다 전문적인 시각에서 비판적으로 현재의 제도와 정책을 분석하고 있다는 데에 그 특징이 있다.

이 책은 다음과 같이 구성되어 있다. 먼저 1장에서는 헌법학에서의 생존권론과 사회보장법학에서의 사회보장권리론의 전개를 개괄적으로 살펴보고 문제점을 정리하면서 개호보험개혁의 내용을 비판적으로 검토하는 시점을 제시하고 있으며, 2장에서는 개호를 필요로 하는 요개호자의 개호보장, 나아가서는 생존권보장이라는 관점에서 개호보험급부수급권의 특징과 한계, 개호보험개혁과 관련된 입법적·이론적 과제들을 제시하고 있다. 그리고, 3장과 4장은 개정된 개호보험법의 성립과정과 이와 함께 진행된 장애인복지개혁의 동향을 소개하고 그 특징을 기술하고 있으며, 4장에서는 개정개호보험법의 내용과 문제점을 구체적으로 제시하고 있다. 그리고 5장에서는 개호보험개정에서도 엿볼 수 있는 사회보장개혁의 내용과 문제점을 여러 분야의 복지개혁, 장애인복지개혁, 최후의 사회안전망이라고 할 수 있는 생활보호제도개혁, 의료제도개혁, 연금제도개혁 등과 관련지어 기술하고, 종장에서는 정부의 사회보장개혁의 특징을 정리하면서 여러 사회보장개혁의 문제점을 개선해 나가기 위해서는 생존권이념의 재구축이 필요하다는 것을 강조하고 있다.

이 책의 역자들은 한국과 일본에서 사회복지를 공부한 자들로 구성되어 있는데, 최근 우리나라와 일본의 노인복지가 급변하는 상황에서 일본의 최근의 정책동향을 살펴봄과 동시에 고령사회의 중요한 과제라 할 수 있는 노인장기요양보호시스템을 어떻게 구축해 가야 할지에 대해 다양한 관점에서 논의가 필요하다는 것에 공감하여 이 책을 번역하게 되었다.

아무쪼록 이 책이 번역되어 출판됨으로써 우리 사회에서 노인장기요양보호시스템을 어떻게 갖출 것인가에 대해 다양한 관점에서의 논의가 전개되고, 이에 대한 국민의 사회적 관심이 확대되기를 바라며, 현재의 노인장기요양보험제도가 갖는 여러 문제들에 대해서도 함께 고민하는 계기를 마련하고 개선책을 마련하는 데에 도움이 되기를 바란다.

끝으로, 이 책의 한국어 번역출판을 흔쾌히 허락해 주신 저자 이토 우슈헤이 교수님과 오랜 기간 번역작업을 함께 해준 역자들, 이 책이 발간되기까지 도움을 주신 교육과학사의 관계자 여러분들께 진심으로 감사를 드린다.

2008년 8월

장세철

# 차례

## 제5장 사회보장개혁의 동향과 향후 · 155

# 범례

본문 및 각주의 법령의 약칭은, 다음의 명칭을 생략한 것임(50음도 순)

## 1. 법령

| | | |
|---|---|---|
| 법령 | 介保 | 介護保険法(개호보험법) |
| | 改正法 | 介護保険法等の一部を改正する法律(개호보험법등의일부를 개정하는법률) |
| | 施行法 | 介護保険法施行法(개호보험법시행법) |
| | 施行令 | 介護保険法施行令(개호보험법시행령) |
| | 行訴 | 行政事件訴訟法(행정사건소송법) |
| | 健保 | 健康保険法(건강보험법) |
| | 厚年 | 厚生年金保険法(후생연금보험법) |
| | 国保 | 国民健康保険法(국민건강보험법) |
| | 国年 | 国民年金法(국민연금법) |
| | 介護老人福祉施設 運営基準 | 指定介護老人福祉施設の人員, 設備および運営に関する基準(지정개호노인복지시설의인원,설비및운영에관한법률) |
| | 児福 | 児童福祉法(아동복지법) |
| | 障自 | 障碍者自立支援法(장애인자립지원법) |
| | 身障 | 身体障碍者福祉法(신체장애인복지법) |
| | 生保 | 生活保護法(생활보호법) |
| | 知障 | 知的障害者福祉法(지적장애인복지법) |
| | 老福 | 老人福祉法(노인복지법) |
| 판례 | 最大判 | 最高裁判所大法廷判決(최고재판소대법정판결) |
| | 最判 | 最高裁判所判決(최고재판소판결) |
| | 東京高判 | 東京高等裁判所判決(동경고등재판소판결) |
| | 東京池判 | 東京地方裁判所判決(동경지방재판소판결) |
| | 名古屋高裁金沢市判 | 名古屋高等裁判所金沢支部判決(나고야고등재판소카나자와지부판결) |
| 판례집 | 行集 | 行政事件裁判例集(행정사건재판례집) |
| | 刑集 | 最高裁判所刑事判例集(최고재판소형사판례집) |
| | 民集 | 最高裁判所民事判例集(최고재판소민사판례집) |
| | 訴月 | 訴務月報(소무월보) |
| | 賃社 | 賃金と社会保障(임금과 사회보장) |
| | 判時 | 判例時報(판례월보) |
| | 判自 | 判例地方自治(판례지방자치) |
| | 保情 | 保育情報(보육정보) |

※본서의 저자는 장애인 관련 명칭을 장애자로 표기하고 있으나 번역시에는 장애인으로 바꾸어 표기함(혼란을 피하기 위해 장애인관련법명칭에도 장애인으로 표기하고 있음

# 서장 사회보장의 현황과 사회보장개혁

## 사회보장의 현황

현재 일본은 장기불황 속에서 국민의 생활불안이나 생활곤란이 심각해지고 있다. 완전실업률은 4%대로 추이되고, 15세부터 24세까지의 청년실업률은 10%를 넘어, 프리랜서나 니트(직장을 갖지 않은 젊은층)라고 불리는 젊은이들도 증가하고 있다. 취업자도 비정규·불안정고용(파트, 아르바이트, 파견노동자 등)이 급증하고 있으며, 비정규 종업원(사원)수는 1,500만 명에까지 달하고 있다. 이와 함께 저임금노동도 증가하여 최저한도의 생활수준을 유지하지 못하는 수입세대, 소위「워킹푸어(일하는 빈곤층)」의 문제가 현저히 드러나고 있다.(1)

이러한 실업이나 불안정취업·저임금노동의 증대는 당사자(세대)의 생활기반을 위협하여, 사회보장급여에 기댈 수밖에 없는 사람을 증가시키고 있다. 생활보호수급자는 실업자나 자기파산, 노숙자의 급증 등으로 인해 점차 늘어나고 있어, 2004년 10월 약

---

(1) 일본의「워킹푸어」의 문제에 대해서는, 後藤道夫「현대의 워킹푸어-노동시장의 구조전환과 최저생활보장」『ポリティーク』10호(2005年) p.8 이하가 자세함.

149만 명(피보호세대 수는 약 100만 세대), 전 인구 대비 수급자가 차지하는 비율은(보호율)은 1.12%이다. 보호수급자 수는 거의 1980년대 초기 수준이지만, 피보호세대 수는 생활보호법시행 이래 최고수준이다. 이는 단신세대나 고령자부부세대 등의 적은 인원으로 구성된 세대의 증가에 기인한 것으로, 피보호세대 중 단신세대가 73.4%, 2인세대가 17.0%로, 규모가 작은 세대가 전체의 90%를 차지하고 있다.

한편, 사회보장의 주요한 재원인 사회보험료는 체납문제가 심각화되고 있다. 예를 들어, 시정촌의 국민건강보험의 보험료 체납세대는 2004년 6월 시점에 약 461만 세대로 가입세대의 18.9%를 차지하였다. 국민건강보험가입자는 저소득자나 무직자가 많은데 이는 구조조정이나 시간제근무로 인해 건강보험 등의 직장보험에서 국민건강보험으로 이동하는 사람들이 급증하고 있으며, 인구의 고령화가 진행되는 가운데 월 수만엔 이하의 국민연금수급자나 무연금자가 증가하고 있는 것이 원인으로 보여진다. 국민연금제도의 경우 정액보험료(월 1만 3,580엔, 2017년도까지 매년 280엔씩 인상)로 보험료 면제자가 500만 명을 넘고, 보험료 체납자나 미가입자까지 더하면 700만 명을 넘을 것으로 추계되며,(2) 장래에는 1,200만 명 이상이 저연금(면제기간은 급여가 전액의 1/3 밖에 보장되지 않음)이나 무연금 상태로 될 것으로 예측되어 공동화(空洞化)가 급속히 진행되고 있음을 알 수 있다.

---

(2) 公文昭夫『연금불안 50문 50답』(大月書店, 2003年) p.75 이하 참조.

## 사회보장개혁의 추진과 개정개호보험법의 성립

국민의 생활불안이나 생활파괴가 심각화되고 있는 지금이야말로, 제1장에서 보는 헌법23조의 **생존권**규정에 포함된 이념을 현실화 해 가는 것이 요구되어지고 있지만, 실제로는 저출산·고령사회에의 대응, 게다가 사회보장제도의 「지속가능성[3]」을 염두에 두고 추진되고 있는 정부의 사회보장개혁으로 인해 사회보장급여가 감소되어 사회보험료나 이용자부담이 증대하고 있다. 결국, 사회보장이 본래의 생활보장의 역할을 다하지 못해 오히려 급여가 줄어들고 부담이 증가하게 되는 등, 미래에 대한 불안을 증폭시키는 본말전도(本末転倒) 사태가 발생하고 있다.

*생존권

기본적인 인권의 하나로 인간이 인간으로서 살아가는 권리이며, 국가에 대해 인간의 생존권에 해당되는 생활에 필요한 서비스를 요구할 권리

이러한 사회보장개혁의 내용이 실현된 것이, 2000년 4월부터 시행되고 있는 개호보험법이다. 이는 종래의 고령자복지가 더욱더 철저한 형태의 계약제도로 전환된 것으로 그 기본구조를 모델로 하여 조치제도 이후에 사회복지법제가 구상되었으며, 더욱이 의료보험제도나 연금제도 등 사회보장 전체의 개혁과 재편성이 추진되고 있음을 알 수 있다.[4]

그리고, 2004년의 연금개혁에 이어 2005년에는 개호보험의 재검토와 장애인복지(지원비제도)의 개혁이 행해졌다(이 경위에

(3) 「지속가능」이라는 단어는, 원래는 심각화된 환경문제를 염두에 두어 지속가능한 경제성장이라는 의미로 사용되었지만, 최근에는 정부문서 등에서 사회보장제도에 전용(転用)되어 사용되는 일이 많아져, 그 경우 사회보장을 지속시키기 위해서는 사회보장재정의 유지·재생산이 담보되는 구성이 필요하다는 주장으로서 사용되어진다고 한다. 真田是 『사회보장과 사회개혁』(かもがわ出版, 2005年) p.129 참조.

(4) 이 점에 대해서는, 伊藤周平 『사회복지의 방향을 읽음-개호보험의 검토·보육제도의 개혁·지원비제도』(大月書店, 2003年) p.148 참조.

대해서는 제3장 2~4 참조). 그리하여, 2005년 2월에 「개호보험법등의일부를개정하는법률안」이 각의(閣議) 결정되고, 제162회(통상) 국회에 제출되었으며 이 법안은 같은 해 6월 22일 참의원본회의에서 가결·성립, 같은 달 29일에 공포되었다(2005년 법률 제 77호, 이하 개호보험법의 개정부분에 대해서 「개정개호보험법」이라 함).

또 장애인지원비제도의 개혁과 관련해서는, 2월 10일 장애인자립지원법안이 각의 결정되어 개호보험법의 개정법안과 같이 제162회 국회에 제출되었다. 이 법안은 2005년 7월 15일에 중의원에서 일부 수정하고 가결되어 참의원에 보내졌지만, 같은 해 8월 8일 중의원해산에 의해 일단 심의 미완료로 폐안되었다. 그러나 이 법안은 9월 11일 중의원 총선거에서 자민당이 압승하면서 시행시기가 변경된 것을 제외하고는 거의 그대로의 형태로 2005년 9월 특별국회 참의원선의에 다시 제출되어, 같은 해 10월 31일에 가결·성립, 11월 7일에 공포되었다(2005년 법률 제 123호. 이하 「장애인자립지원법」이라 함).

### 사회보장개혁의 특징과 신 동향

그 동안의 정부의 사회보장개혁동향을 보면, 개호보험·장애인복지개혁뿐만 아니라 단기간에 충분한 논의 없이 법률이 정리되어 법 개정이나 제도개혁이 이루어진 것이 특징이다. 게다가, 법률은 커다란 틀을 정하는 것뿐이고, 구체적 내용이나 중요사항은 정령(政令)·성령(省令)에 맡겨져, 법적효과가 없는 통지나 극단적인 경우에는 후생노동성이 제시한 「Q&A」 등을 지침으로 하여 실무가 이루어지고 있다.[(5)] 개정개호보험법에도 정령(政令)·성령(省令)에 맡겨진 부분이 약 160항목이나 있는 등, 장애인자립지원법의 경우는 후생노동성에 의한「그랜드디자인」의 제기부터 법안 제출까지 4개월이 채 안 되는 이례적인 속도로 이루어졌으며, 자세한 내용은 200개 정도가 정령(政令)·성령(省令)에 맡겨져 있다.

여기에서는 당사자인 노인이나 장애인, 그 가족, 현장의 복지 노동자의 목소리보다 재정억제논리가 우선시되어, 급여억제와 부담증가가 선행(先行)하는 개혁이 이루어지고 있다. 재정억제논리를 우선시하게 되면 필연적으로 노인이나 장애인의 권리보장이라고 하는 측면이 결여되게 된다. 본래 권리보장체계에 있어야 할 사회보장입법이 제도의「지속가능」이라는 명목 하에 재정억제의 하나의 수단이 되고, 헌법25조의 생존권 이념이 정책을 주도하는 규범적 지침이 되기는커녕, 정책상의 판단(특히 재정억제라는 기본방침)에 의해 공동화(空洞化)되게 된다.

동시에 개정개호보험법과 장애인자립지원법의 성립은 정부의 사회보장개혁이 이념적으로도 새로운 단계를 맞이하였다는 것을 상징하는 것이었다. 개정개호보험법의 신 예방급부로 상징되는「자립지원」의 이념과, 장애인자립지원법에서 응익부담제도 도입 등으로 상징되는 수익자부담의 이념이 그 대표적인 것이다. 이 중에「자립지원」이라는 단어는, 장애인자립지원법 이외에도「노숙자자립지원등에관한특별조치법」(2002년 법률 제105호) 등과 같이 법률용어로 많이 사용되고 있으나, 여기에서의「자립」은

(5) 같은 지적으로, 장애인생활지원시스템연구회 편『장애인자립지원법과 응익부담』(かもがわ出版, 2005年) p.53 이하 참조.

장애인 등이 복지서비스를 이용하면서 자기실현을 꾀하는 본래의 의미가 아닌, 오히려 공적 비용 지출을 동반하는 복지서비스에 의존하지 않고 주변의 일을 자신이 하는, 무엇보다도 경제적으로 자활하는 의미로 사용되고 있다.(6)

또한, 최근의 입법에서는 개호보험법과 같이 권리규정을 대신하여 국민의 건강유지 및 증진의무나 능력의 유지 및 향상의무, 비용부담의무가 명기된 예(개호보험법 4조)가 눈에 띤다. 건강보험법이나 국민건강보험법에 없는 국민의 의무규정은 정부의 사회보장개혁이 단순한 급여의 억제뿐 아니라 국민에 대해 공적 비용 지출을 동반한 복지서비스 등에 의존하지 않는 「자립」을 강요하는 보다 억제적 시책으로 전환하고 있는 것을 의미한다.

## 본서의 시점과 구성

본서에서는 앞서 기술한 문제인식을 바탕으로 2005년 6월에 성립된 개정개호보험법을 비판적으로 검토한다. 그리고 이를 통해 정부의 사회보장개혁의 문제점을 밝히고, 생존권 이념을 중심으로 한 정부의 사회보장개혁에 대항하는 사회보장의 이념, 나아가서는 사회보장제도의 바람직한 모습을 제시하려고 한다.

구체적으로는 먼저 제1장에서, 헌법학에서의 생존권론과 사회보장법학에서의 사회보장권리론의 전개를 살펴보고 그 문제상황을 정리한다. 그리고, 생존권론의 전개가능성을 모색하여 현재의 사회보장개혁, 특히 개호보험개혁의 내용을 비판적으로 검토한다.

(6) 장애인의 자립에 대해서는, 伊藤周平 「장애인의 자립과 자율권-장애인복지에서 자립개념의 비판적 고찰」 『계간사회보장연구』 28권 4호(1993년) p.426 참조.

이어서 제2장에서는, 개호를 필요로 하는 요개호자의 개호보장, 나아가 생존권보장이라는 관점에서 현행의 개호보험급여구조와 개호보험급여수급권의 특징과 한계를 밝히고, 개호보험개혁을 위한 입법적, 이론적 과제를 제시한다(또한, 제1장과 제2장은 상당히 전문적이므로 개정개호보험법에 대해 알고 싶은 분은 제3장부터 읽으면 좋음).

제3장과 제4장은, 개정개호보험법을 고찰한 것으로 본서의 핵심부분이다. 제3장에서는 개정개호보험법의 성립까지의 개호보험개혁과 이에 관련된 장애인복지개혁의 동향을 살펴보고 그 특징을 정리 한 후 개정개호보험법의 기본이념을 비판적으로 검토하고, 제4장에서는 개정개호보험법의 내용과 문제점을 구체적으로 검토한다.

그리고 제5장에서는, 개호보험을 모델로 한 사회보장개혁의 내용과 문제점을, 개호보험과 통합을 위해 구상된 장애인복지개혁, 사회보장의 최후의 안전망이라고 봐야 할 생활보호제도의 개혁, 나아가 의료제도개혁, 연금제도개혁에 대해 검토한다. 그리고 종장에서는, 정부의 사회보장개혁의 특징을 정리하고 이에 대응하는 이론적 근거로 생존권이념의 재구축방향을 제시하고자 한다.

# 제1장 사회보장개혁과 생존권

## 01 문제의 소재

일본의 헌법 25조 1항은 국민의「건강하고 문화적인 최저한도의 생활을 영위할 권리」(「생존권」)보장을 명기하고, 2항에서는「국가는 모든 생활영역에서 사회복지, 사회보장 및 공중위생의 향상 및 증진에 노력해야 한다」고 규정하고, 국가(도·도·부·현 및 시·정·촌 등 자치체도 포함)의 사회복지·사회보장에 대한 책임을 명확히 하고 있다. 헌법 25조의 규정은 이러한 공적 책임 하에서 국민의 생존권보장을 최고법규화했다는 점에서 헌법사상 획기적인 의의를 가지는 것이었다.(1)

(1) 같은 지적으로, 木下智史「프로그램규정설에서 입법재량론에」『법학교실』217호(1998년) p.56 참조.

그러나, 실제로 이러한 생존권이념은 현재의 정부가 추진하고 있는 사회보장개혁의 기본지침이 되지 못하고 반대로 사회보장급부의 삭감, 사회보험료 및 이용자 부담의 증대, 「부담 없이는 급부 없음」이라는 보험원리가 철저해지는 등(예를 들면, 국민건강보험에서는 보험료체납자에게 창구에서 의료비 전액을 자기부담하도록 하는 자격증명서를 교부하는 등의 제재조치의 강화), 사회보장이 본래의 역할을 하지 못해 헌법 25조는 유명무실해지고 있다.

헌법 25조는 재판과정에서뿐만 아니라 현실의 정치에서도 이념적인 제어장치로써 기능하지 못했기 때문에 같은 생존권조항에 대해 정부의 개헌구상이 나오지 않는다는 지적도 있다.(2)

여기에서는 이러한 문제의식을 가지고, 먼저 전후의 헌법학에서의 생존권론과 사회보장법학에서의 사회보장권리론의 전개를 개괄적으로 살펴보고 문제상황을 정리하도록 한다. 또한 그 후에 생존권론의 과제를 살펴보고 현재의 사회보장개혁을 비판적으로 검토하는 시점을 명확히 하고자 한다.

## 02 생존권론의 전개

### 생존권 규정의 법적 성격을 둘러싼 논의

전후의 헌법학에서 헌법 25조가 규정하는 생존권의 법적성격은 프로그램규정설, 추상적권리설, 구체적권리설의 3가지 학설을

(2) 中島徹 「개헌사상에서의 생존권과 사회보장」 전국헌법연구회편 『법률시보증간·헌법개정문제』(日本評論社, 2005年) p.227.

중심으로 전개되었다.

이 중 프로그램규정설은, 헌법 25조는 국가에 대해 정치적·도의적인 의무를 부과한 것에 그치고 있으며, 국민에게 재판상구제를 받을 구체적인 권리를 부여한 것은 아니라고 하는 학설로 종래의 학설과 최고재판소의 입장(3)이었다. 이러한 근거로써, ① 일본이 자본주의경제체제를 취하고 있으며, ② 생존권을 구체화하는 입법은 예산을 필요로 하며 그 예산배분은 국가의 재정정책에 의존하게 되고, ③ 권리내용이 추상적이라는 것을 들 수 있다.

그러나 ①에 대해서 보면, 본래 생존권은 역사적 자본주의체제의 요청으로 생겨난 권리라고 하는 것, ②의 예산배분도 상위규범인 헌법의 구속을 벗어날 수 있는 것은 아니라는 것, ③의 권리의 구체적인 보장규정이 헌법상 존재하지 않는 것은 생존권에만 국한된 것이 아니라 수익권에도 해당하며, 권리내용의 추상성은 법적 권리를 부정하는 근거는 될 수 없다고 하는 등의 비판이 전개되었다.(4)

이러한 학설은 **아사히소송** 제 1심판결(동경지방재판소판결, 1960. 10.19행집 11권 10호 2921항)을 계기로 변화한다. 종래의 프로그램규정설을 대신하여 생존권규정의 재판규범성을 명확히 인정하는 법적권리설이 등장하여 활발한 논의가 전개되었기 때문이다. 이 법적권리설은 추상적권리설과 구체적권리설의 두 학설로 구분되는데, 전자의 추상적권리설은 생존권을 구체화하는 법

**＊아사히소송**

1957년 朝日茂가, 생활보호의 기준이 헌법이 규정하는 생존권보장에 위반된다고 제소한 소송, 사회보장소송의 선구

(3) 식료관리법위반사건판결(최고재판소판결, 1948.9.29형집 2권 10호 p.1235)이 생존권의 법적 성격에 대한 최고재판소의 대표적인 케이스가 되었다고 함. 그러나 이 사건이 생존권의 법적 성격에 관련된 사례, 적어도 이것을 논하는 데에 적합한 사례인지 어떤지는 의문이 남음. 이와 같은 지적은 많음. 예를 들면, 佐藤幸治 『헌법[제3판]』(青林書院, 1995年) p.621 참조.

(4) 大須賀明 『생존권론』(日本評論社, 1984年) p.77.

률이 있는 경우 그 재판규범성이 충족되어 해당법률에 근거한 소송에서 헌법 25조를 활용할 수 있다고 보는 것이다. 한편, 구체적 권리설은 헌법 25조에 그 규범내용의 보장을 청구할 수 있는 구체적 권리를 개개인의 국민에게 인정하여 생존권규정을 구체화하는 입법이 없어도 입법부작위위헌확인소송을 제기할 수 있다고 본다.(5) 어느 쪽을 보더라도, 이 시기의 생존권론은 생존권의 법적권리성(재판규범성)을 부정하는 프로그램규정설을 극복하면서 생존권을 법적권리성으로써 확립하려고 하였음을 알 수 있다.(6)

### 위헌심사기준을 둘러싼 문제

1971년 아동수당법이 제정되면서 사회보장입법이 정비되자, 생존권을 구체화하는 법률이 존재하지 않는 경우에 입법부작위위헌을 논할 수 있을지를 주요쟁점으로 하고 있던 추상적권리설과 구체적권리설과의 차이가 불명확해져, 생존권규정이 재판규범성을 가지는 것을 전제로 어떠한 소송유형에서도 어떠한 위헌심사기준에 따라 생존권이 재판상 보장되는가 하는 문제를 검토해야 한다는 주장이 제기되었다.(7) 실제로 생존권을 둘러싼 학설의 쟁점은 생존권의 법적성격을 둘러싼 논의에서 위험심사기준 등의 논쟁으로 이행된다.

이 시기, 호리키소송공소판결문(오사카고등재판소판결, 1975.

(5) 棟居快行「생존권의 구체적 권리성」長谷部恭男編『リーディングス현대의 헌법』(日本評論社, 1995年) p.167, 현재의 학설은, 프로그램규정설 보다 생존권의 재판규범성을 인정한 추상적권리설이 통설이며, 구체적권리설은 소수설이라고 함.

(6) 같은 지적으로, 藤井俊夫「헌법 25조의 법의」『ジュリスト增刊·헌법의 쟁점[제3판]』(有斐閣, 1999年) p.152.

(7) 村睦男＝永井憲一『생존권·교육권』(法律文化社, 1989年) p.73 참조[中村睦男 집필].

11.10행집 26권 10=11호 1268항)이 헌법 25조 1항, 2항 분리론(이하「분리론」)을 전개한 것을 계기로, 생존권 보장에 관한 위헌심사기준의 논의가 활발해진다. 본래 분리론은 헌법 25조 1항이「공적부조(생활보호)인 방빈정책을, 25조 2항이 이 외의 사회보장정책 등 방빈정책을 규정한 것으로 후자에 대해서는 사법심사가 영향을 미치지 않는다는 논의로, 1970년대 초부터 사회보장소송에서 국가가 주장해 왔다.(8) 헌법학설에서는 분리론이 적절한지 아닌지에 대한 논쟁이 있었으며, 특히 **호리키소송**공소심판결에 대해서는 1항에 관한 생활보호 이외의 사회보장시책에 대한 사법심사의 가능성을 차단했다는 비판이 많다.(9)

그러나, 분리론은 적어도 헌법 25조 1항의「최저한의 생활」보장에 관련된 법률에 대해서는 엄격한 위헌심사기준 적용의 가능성을 시사하는 것으로, 그 영향을 받아 외국국적보유자에 대한 장애복지연금의 지급가부가 쟁점이 된 **시오미소송**제1심판결(오사카지방재판소판결, 1980.10.29행집 31권 10호 2274항)에서는, 25조 1항의「건강하고 문화적인 최저한도의 생활」에는「절대성이 있는 기준」이 있다고 보고 엄격한 심사를 해야 할 가능성을 시사하고, 2항에 근거한 방빈(防貧)시책에 관한 입법재량의 적절한지 유무도 구빈시책과 관련지어 입법되어 있는 경우는 엄격하게 심사기준을 따르도록 하였다.

분리론과는 약간 다르지만, 학설에서도 25조의「건강하고 문화적인 최저한도의 생활을 영위할 권리」속에 인간으로서의「최

*호리키소송

1970년 堀木文子가 장애복지연금과 아동부양수당을 함께 지급하는 것을 금지한 것은 헌법 25조의 생존권의 보장 및 14조의 평등보장원칙에 위반한다고 제소한 소송, 1973년 아동부양수당법이 개정됨에 따라 함께 지급받는 것이 가능해짐

*시오미소송

1934년 한국인으로 태어나 1970년에 일본에 귀화한 塩見日出가 상해복지연금의 수급청구를 신청하였으나 상해를 입은 때가 일본 국적이 아니었던 것을 이유로 기각되자 제기한 소송

(8) 木下智史「생존권 보장과 위헌심사기준」『법학교실』218호(1998年) p.85.
(9) 예를 들면, 籾井常喜『사회보장법』(総合労働研究所, 1972年) p.95 이하 참조.

저한도의 생활」 보장을 요구할 권리와 보다 쾌적한 생활보장을 요구할 권리가 포함되어 있는 것으로 해석하고, 전자에는 보다 엄격한 심사기준이 적용된다는 주장이 제기[(10)]되어, 위헌심사기준을 둘러싼 논쟁이 활발해지게 되었다.

## 호리키소송최고재판소판결과 생존권론의 정체

그러나, 이상과 같은 생존권보장에 관한 위헌심사기준의 정밀화에 대한 논의는 적어도 판례에서는 호리키소송최고재판소판결(최고재판소판결, 1982.7.7민집 36권 7호 1235항)이 아사히소송최고재판소판결(최고재판소판결, 1967.5.24민집 21권 5호 1043항)을 채용하면서, 헌법 25조의 구체화에 대한 입법부의 재량(아사히소송의 경우는 후생대신의 재량=행정재량)을 인정하여, 「재량의 일탈·남용」이 있는 경우에만 사법심사가 이루어진다는 「광범위한 입법재량론」(「明白의 원칙」이라고 불림)을 채택하게 되면서 중단되었다.

광범위한 입법재량론에 근거하여 생존권보장에 관한 사법심사를 제한한 호리키소송최고재판소판결의 영향력은 절대적으로 **노령복지연금**과 **恩給(은급)**을 함께 지급하는 것을 제한하는 규정에 대한 소송인 **오까다소송**판결(최고재판소판결, 1982.12.17송월 29권 6호 1075항)과 앞서 기술한 시오미소송상고심판결(최고재판소판결, 1989.3.2판시 1363호 68항) 등, 그 후 헌법 25조를 둘러싼 생존권소송의 최고재판소판결에는 반드시 인용되어, 헌법 25조

***노령복지연금**

국민연금이 제정되던 당시에 고령으로 각출제의 연금에 가입하지 못했던 혹은 가입이 필요하지 않았던 자들에게 지급되는 연금

***은급(제도)**

은급은 공무원이 상당한 기간 충실히 근무하고 퇴직한 경우, 공무로 인한 질병으로 퇴직한 경우 또는 공무로 사망한 경우, 국가가 공무원과의 특별한 관계에 근거하여 사용자로서 급부하는 것으로 공무원의 퇴직 또는 사망 후의 생활을 보장하기 위한 제도

***오까다소송**

노령복지연금과 은급제도에 근거한 전상자유족부조료를 함께 지급받는 것을 제한한 것이 위헌이라고 제소한 소송

---

(10) 中村=永井·前揭注(7) p.75 [中村집필], 中村睦男 「생존권과 사회보장제도」 『ジュリスト』 1192号(2001年) p.129를 각각 참조.

위반의 주장을 배척하는 강력한 법리로써 확립해 간다. 이 법리는 당연히 하급의 심판결에서도 활용되어 이후, 재판소가 사회보장 관련 입법의 합헌성을 문제로 하는 경우는 거의 없어졌으며, 이러한 입법의 합헌성을 전제로 하여 행정청의 구체적인 처분의 적법성이 문제시될 뿐이었다고 지적하고 있다.(11)

그리고 이러한 최고재판소의 입장이 현재까지 생존권에 관한 판례이론의 정체, 폐쇄상황을 가져온 것은 부정할 수 없다. 실제 헌법 25조 위반을 주장하는 생존권소송의 판결은 형식만 갖출 뿐 판례법으로써는 진전이 없다고 하는 인식 때문인지 최고재판소의 판례집에도 등재되어 있지 않다.(12) 또한 최고재판소의 입장에도 비판적이었던 학설도 생존권소송이 광범위한 입법재량론 법리의 두꺼운 장벽에 부딪쳐 물러날 수밖에 없는 현실 속에서, 헌법학의 분야에서는 점차로 논고의 수도 적어지고 생존권에 대한 관심도 적어지게 되었다.(13)

## 03 사회보장권리론의 전개

### 권리로써의 사회보장론

사회보장권리론은 헌법학에서의 생존권론의 영향을 받아 1960년대에 독립된 학문영역으로써 확립된 사회보장법학에서 전

(11) 山内敏弘 『인권·주권·평화』(日本評論社, 2003年) p.73항 이하 참조.
(12) 戸松秀典 『입법재량론』(有斐閣, 1993年) p.122 이하 참조.
(13) 같은 지적으로, 米沢広一 「생존권-최근의 동향」『법학교실』 185호(1996年) p.60 이하 참조.

개되었다. 이 사회보장법학의 통설적 견해에 따르면, 사회보장법이란 헌법 25조 제 1항이 규정하는 「건강하고 문화적인 최저한도의생활을 영위할 권리」로써의 생존권을 직접적으로 실현하는 법체계로,(14) 생존권을 사회보장법의 기본원리 또는 기본이념으로 간주하여왔다. 사회보장법제도의 규범적 근거를 헌법 25조의 생존권규정에 두어 국가·지자체의 사회보장과 사회복지 등에 대한 책임을 명기한 25조 2항의 규정과 함께 사회보장법은, 공적 책임에 근거하여 국가가 실시하는 생존권보장을 위한 급부에 관한 법체계로 자리하여 왔다고 말할 수 있다.(15)

또한, 사회보장권리도 개개인의 국민이 「건강하고 문화적인 최저한도의 생활을 영위하기」 위해 국가와 지자체에게 사회보장급부를 요구하는 실체적인 급부청구권과 수급권의 개념으로 인식되어 왔다. 그리고 국민 개개인의 생존권보장요구를 수용하여, 사회보장급부청구권으로 구성함으로써 사회보장분야에서의 국가와 자치체의 작위의무(책임)를 명확히 하는 것, 이를 통해 사회보장제도를 확충하는 것이 과제가 되었다. 이것이, 이른바 「권리로써의 사회보장」론으로,(16) 이는 운동론적인 성격을 강하게 띠면서, 1960년대에는 아사히소송과 같은 대표적인 사회보장재판운동의 이론적 근거가 되었으며, 사회보장급부(특히 생활보호급부)

---

(14) 荒木誠之 『사회보장법독본 [제3판]』(有斐閣, 2002年) p.247 참조.

(15) 倉田聡 「사회연대의 在処와 그 규범적 의의」 『민상법잡지』 127권 4=5호(2003年) p.614 이하, 이러한 종래의 통설적 정의에서 공통점은, 戦間期에서부터 제2차 세계대전 전에 지배적이었던 「적극적인 개입국가관」이라고 함.

(16) 법이론에서도 사회보장권리의 내용으로써, 실체적급부청구권 외에 절차적권리와 쟁송권 등의 자기관철적권리를 열거하고 있던 것이 주목할 만하다. 小川政亮 『권리로써의 사회보장]』(勁草書房, 1964년) p.152 이하 참조.

의 불충분성과 제도의 미비를 비판하고 전후 일본사회보장제도의 확충에 크게 기여하였다.

그러나, 1980년대에 진입하면서 경제의 저성장시대가 되자 사회보장에의 재정적 제약이 강해지고 개인과 가족의 자조노력을 강조하는「일본형복지사회」론이 주목을 받으면서 사회보장비억제정책이 취해지게 되었다. 이와 함께 권리로써의 사회보장론의 대표적인 것이라고 할 수 있는「권리주의적 사회보장론」은, 경제의 저성장 하에서 파이의 증대가 용이하지 않게 되자 그 유효성을 잃었다는 비판을 받게 된다.(17)

### 사회복지법제와 조치제도

한편, 헌법 25조 2항 조문의 내용은「사회복지」와「사회보장」을 함께 포함하고 있어 양자의 구별은 명확하지 않지만 일본에서는, 고령자와 장애인 등 조금이라도 사회적 지원과 원조를 필요로 하는 사람(이하「요원조자」라고 함)에 대해서 서비스를 제공하는 체계를「사회복지」로 간주하고 이를「**사회보장**」이 포섭하는 것으로 인식해 왔다.

*사회보장

최저생활의 확보와 생활의 안정화를 꾀하기 위함을 목적으로 하는 공적 제도

그리고, 1960년대의 고도경제성장시기에 복지시설이 증가하고 이러한 시설이용이 증가하면서 전후에는 생활보호법, 아동복지법, 신체장애인복지법, 지적장애인복지법(당시에는 정신박약자복지법), 노인복지법, 모자 및 과부복지법이 연이어 제정되었다. 그 결과, 이 시기에는 노인복지법 등 사회복지분야의 각 법을 근거

(17) 福武直「사회보장과 사회보장론」사회보장연구소편『사회보장의 기본문제』(동경대학출판회, 1983年) p.1 참조.

로 조치제도라고 불리는 사회복지법제도가 확립되었다.

조치제도는 국가와 지자체 등의 행정기관(행정청)이 요원조자에게 필요한 서비스를 결정하여 지급하는 시스템으로, 사회복지 각 법에 근거하여 행해지는 행정청의 서비스제공과 내용 등의 결정(「조치결정」이라 부름)에서부터 서비스제공에까지 일련의 행위가 「복지의 조치」로 불리면서 조치제도로 불리게 되었다. 조치제도는, 전후 일본의 사회복지기본구조를 형성하고 국가(지자체를 포함)의 책임으로 요원조자에게 필요한 서비스를 급부(현물급부)함으로써 요원조자의 생활과 생존권을 보장하는 시스템으로, 이러한 의미에서 보면 사회복지법제에서 헌법 25조를 구체화한 것이라고 말할 수 있다.

### 조치청구권을 둘러싼 문제

본래 생활보호법에서는 생활보호법의 규정상, 요원조자에게 보호청구원을 인정하고 있다는 것에는 반론의 여지가 없으나, 노인복지법 등에는 이러한 규정이 없어 법조문상으로는 특별양호노인홈에 입소하는 경우, 시·정·촌은 「조치를 취하지 않으면 안 된다」(의무규정, 노인복지법 11조)고 규정되어 있으며, 홈헬프서비스 등과 같은 거택개호의 경우에는, 시·정·촌은 「조치를 취할 수 있다」(노인복지법 10조의 4항)고 하는 데에 그치고 있어(이른바 「임의규정」), 요원조자측에 조치청구권이 인정되는지에 대해서는 명확하게 규정하고 있지 않았다.

그리고, 행정해석은 조치제도 하에서의 서비스 이용을 조치라고 하는 행정처분의 반사적 이익이며 요원조자는 행정처분의 대상(객체)에 지나지 않다고 보고 요원조자의 신청권과 조치청구권을 일관하여 부정해 왔다.(18) 행정해석에 의하면, 조치는 행정청의 직권행사에 의해 개시되는 일방적인 행정처분으로 요원조자가 서비스와 시설을 선택할 여지는 없어지게 된다. 판례에서도, 양호노인홈의 입소자가 개인실의 이용을 요구하는 소송에서 행정해석과 같은 견해를 보이고 있다(최고재판소판결, 1993.7.19 판례집 미등재).

한편, 학설에서는 일찍부터 요원조자의 신청권과 조치청구권을 인정하는 견해가 유력하여, 행정해석이 직권주의를 근거로 조치청구권을 부정하고 있는 것에 대해, 직권주의원칙은 논리적·필연적으로 신청을 배제하는 것이 아니므로, 직권주의원칙으로 신청권과 조치청구권을 부정하는 것은 논리의 비약 혹은 왜곡이라는 비판이 가해지게 되었다.(19)

특히, 아동복지법에 근거한 보육소 입소의 경우에는, 아동의 보호자의 신청(입소자가 신청서에 희망하는 보육소 명칭을 적음)에 의해 입소결정이 이루어지고 있었으며, 아동복지법의 구시행령에도 보호자의 신청을 전제로 한 규정이 있는 것 등을 감안하면 신청을 기본적 요건으로 하고 행정청이 이를 수락하는 의무를 지는 시스템이라고 하는 인식이 일반적이었다.(20) 노인복지법의 경우에는, 서비스와 시설이 보육소에 비해 부족하고「임의규정」에 그

(18) 예를 들면, 노인홈의 입소조치에 대해서는「조치의 실시기관에 부과된 의무로 (중략) 희망자로부터의 청구에 근거한 것은 아니다. 따라서, 노인홈에서 보호되는 것은 노인에게 주어진 권리가 아니라, 공적기관에 조치의무가 있음으로 인해 파생하는『반사적 이익』」으로 해석되어져 왔다. 후생성 사회국 노인복지과 감수『개정·노인복지법의 해설』(1987年) p.88.

(19) 宮崎良夫『행정소송과 행정법학 [증보판 ]』(弘文堂, 2004年) p.361 참조.

(20) 이 점에 대해서는, 秋元美世「보육제도 개혁과 아동복지법의 개정」『법률시보』 69巻8号(1997年) p.29 이하 참조.

*특별양호노인홈

노인복지법에 의해 65세 이상의 노인이 신체상 혹은 정신상의 장애가 있어 상시 개호를 필요로 하고 또한 재택개호생활이 곤란한 자가 입소하는 시설

치고 있던 홈헬프서비스 등의 거택개호 등의 조치에 대해서는, 학설도 청구권을 인정하는 것과 인정하지 않는 것으로 양분되어 있었지만,(21) 적어도 **특별양호노인홈**에의 입소조치와 같이, 조치권자(시·정·촌)의 실시가 의무적이라고 하는 점에서는 요원조자에게 입소(조치)청구권을 인정하는 것이 통설이었다.(22) 실무에서도, 홈헬프서비스의 이용은 신청서를 기입하는 절차를 밟도록 하고 있는 경우가 많으며 신청자가 희망사항을 기입하여 특별양호노인홈에 입소신청하도록 하는 지자체도 있었다.

어떠한 경우이던지, 조치제도는 직권에 의한 조치와 신청에 의한 조치가 병존하여 후자에 대해서는, 시설입소조치만이 아닌 거택개호 등의 조치의 경우도 마찬가지로 요원조자에게 신청권과 조치청구권이 인정된다고 해석하는 것이 현실에 맞는 해석이라고 생각한다. 그러나, 결국 개호보험법의 시행 등에 따라 조치제도가 원칙적으로 폐지될 때까지 요원조자의 권리성을 부정하는 행정해석·판례는 변화하지 않았다. 앞서 기술한 바와 같이, 실무에서는 신청을 전제로 하여 서비스가 제공되고 있었는데도 불구하고, 행정해석에서는 이러한 시·정·촌의 직권발동의 계기와 정보수집의 수단으로써 설명되어, 어디까지나 직권주의 틀 안에서의 문제로 간주해 왔다.

이와 같이, 요원조자의 권리가 행정해석과 판례에서 부정되

(21) 법이 신청과 그에 대응하는 응답의 체계를 전제로 하고 있는 것을 근거로, 신청권을 긍정하는 대표적 견해로써 前田雅子「개호보장청구권에 대한 고찰」『임금과 사회보장』1245号(1999年) p.20 이하 참조.

(22) 田村和之「복지시설의 이용관계」『ジュリスト増刊·행정법의 쟁점 [신판]』(有斐閣, 1990年) p.304 이하 참조.

어져 온 사회복지분야에서 생존권론과 사회보장권리론 발전의 여지는 제한적이었다. 헌법학의 생존권론에 대해서도, 생활보호분야에(생활보호법이 헌법 25조를 직접적으로 구체화한 것이라는 인식 때문에) 국한되어지는 경향이 있어 사회복지분야에서는 소송으로 이어지는 사례 자체가 적었으며 판례이론의 전개도 불충분하였다. 학설에서는, 사회복지권리확립을 위한 활동이 이루어지고 나름대로 권리론이 전개되고 연구도 축적되어 왔지만,[23] 그것이 실제로 실무나 정책, 나아가서는 재판에서 규범적 지침이 되지는 못했다.

## 04 구조개혁과 생존권론, 사회보장권리론

### 조치제도의 비판 · 수정론의 전개

1990년대에 진입하자 거품경제가 붕괴되어 경제불황이 현저해지고 게다가 급속한 고령화가 진행되면서 사회보장구조개혁이 과제가 되었다. 특히 사회복지분야의 개혁은, 구조개혁에 「기초」를 붙여 「사회복지기초구조개혁」이라고 불리며, 서비스공급체제, 급부의 구조, 공적책임의 범위 등까지 기본구조를 크게 바꾸는 개혁, 곧 조치제도의 해체와 함께 계약제도로 개편이 진행되게 된다.

본래, 조치제도가 공적 비용부담이라는 형태로 재정적인 공적책임을 이행하는 체제인 이상 고령화의 진전에 따른 복지수요의 증대에 수반되는 국가의 재정부담증가는 불가피한 것이었다.

(23) 대표적인 업적으로써, 河野正輝 『사회복지의 권리구조』(有斐閣, 1991年)가 있음.

이러한 점을 감안하면, 국가와 지자체의 재정적자가 현저화된 이 시기에 조치제도의 해체를 기본으로 한 제도개혁노선이 등장한 것도 필연적이었다고 볼 수 있다. 우선 이러한 변화는 정부문서에서 조치제도에 대한 비판·개선론이 전개되는 것으로 알 수 있다.

예를 들면, 1995년 7월 **사회보장제도심의회**(당시)의 「사회보장체제의 재구축-안심하고 살 수 있는 21세기의 사회를 지향하여」라는 제목의 권고(이하 「95년 권고」라고 함)에서는, 「시설에의 입소는 일방적인 조치에 의한 것에서 이용자와 계약하는 형태로 검토해야 한다」고 하고, 「조치와 같은 이용자의 입장에서 보면 바람직하지 않은 용어」도 개선해야 한다고 제언하고 있다. 또한, 1998년 6월 중앙사회복지심의회의 사회복지구조개혁분과회(당시)의 「사회복지기초구조개혁에 대해서(중간보고)」에서는, 조치제도에 의해 복지서비스가 충실해졌다는 것을 인정하면서도, 조치제도에서 「서비스이용자는 행정처분의 대상이기 때문에, (중략) 서비스의 이용자와 제공자 사이에 대등한 관계가 성립하지 않는다」고 보고, 앞으로의 사회복지제도는 「개인 스스로가 서비스를 선택하여 그것을 제공자와의 계약에 의해 이용하는 제도로」 개선해야 한다고 하고 있다.

*사회보장제도심의회

후생노동대신의 자문기관으로 후생노동성 발족 당시 사회보장관련의 8개 심의회를 통합·재편성하여 2001년에 설치되었음

이와 같이 조치제도를 비판하는 이론의 주된 논점은, ① 조치제도는 저소득자 등을 대상으로 하는 선별적제도로 행정이 일방적으로 서비스제공과 내용을 결정하여 요원조자(복지서비스의 이용자)에게는 서비스선택의 자유가 없다는 점, 따라서, ② 요원조자는 종속적 입장에 처하게 되어 서비스청구권을 가질 수 없다(이것은 앞에 기술한 행정해석에 의거하고 있음)는 점, ③ 공적서비스

가 중심이 되어 유연성이 결여되고 다양화하는 복지수요에 대응할 수 없다고 하는 점으로 정리할 수 있다. 조치를 행정의 일방적 결정으로, 조치제도를 요원조자의 권리와 선택권이 보장되지 않는 경직적 제도로 보는 데에 조치제도비판론의 특징이 있다.(24)

그러나, 이러한 비판은 조치제도 하에서도 요원조자의 신청에 근거하여 서비스가 제공되고 있었다는 현실을 무시한 일방적인 것이었고, 조치제도의 개선을 바로 조치제도를 부정하고 계약제도에의 전환으로 연결하는 등의 논리의 비약이 있었다. 조치제도를 전제로 하면서도, 요원조자를 서비스결정·제공과정에 참가시키는 등으로 관료주의적인 운영과 행정재량을 통제해 가는 방향도 선택사항으로써 있을 수 있기 때문이다.

무엇보다도 반사적이익설에 입각하여, 조치제도를 관료주의적·은혜적으로 운영해 온 것이 조치제도비판의 선봉이 된 후생성(당시)이었던 것을 생각하면 그 비판 자체에 모순이 있다고 볼 수 있다. 그러나, 조치제도 하에서 서비스이용이 실질적으로 저해되고, 이용할 수 있더라도 높은 비용징수와 관료주의적 운영에 불만을 가지고 있던 중·고소득층을 중심으로 조치제도에 대한 비판은 일정한 지지를 얻어 왔다. 그리고, 이를 배경으로 1990년대 후반부터 조치제도의 해체를 목적으로 한 사회복지기초구조개혁이 추진되게

(24) 横山壽一『사회보장의 시장화·영리화』(新日本出版社, 2003年) p.47 이하, 조치제도비판은 조치제도를 오직 행정처분=선택불능의 제도로써 설명하는 동시에, 개개인의 다양한 욕구에 대응하기 위해서는 공급자도 다양하지 않으면 안된다는 「공급다원화」론, 다양한 공급주체가 경쟁하는 것으로 서비스의 질이 높아진다고 하는 「경쟁=서비스의 질 향상」론, 서비스의 질이 확보되면 영리·비영리는 이차적인 문제라고 하는 「영리·비영리상대화」론이 함께 제시되고 있다는 점에 특징이 있다고 함.

되었다. 관료주의에 대치해야 하는 개혁이, 당시의 후생성(현 후생노동성)이라고 하는 관 주도로 실시되었다는 점에, 사회복지기초구조개혁의 모순된 성격이 단적으로 나타나고 있다고 할 수 있다.(25)

### 생존권이념의 상대화와 사회연대론의 대두

이상과 같은 개혁의 결과, 1998년 4월에 개정된 아동복지법의 시행에 따라, 시·정·촌의 보육의 실시에 대한 책임을 남겨두면서도(아동복지법 24조 1항), 보육소 입소에서 「조치」의 문구는 없어지게 되었으며, 2000년 4월부터는 개호보험법의 시행으로 고령자복지분야에서도 조치제도는 원칙적으로 폐지되게 되었다. 게다가 2003년 4월부터는, 신체장애인복지법, 지적장애인복지법 등의 개정된 부분이 적용되어 시행되면서 장애인복지분야도 지원비제도로 전환되었고, 일부 조치를 남겨두면서도(양호노인홈의 입소 등) 조치제도에서 계약제도로 전환하는 사회복지기초구조개혁에 의한 개편이 실행되게 되었다.

이와 함께, 사회보장권리론에서도 사회보장법제도의 규범적 근거를 헌법 25조의 생존권 규정에 근거를 두는 종래의 통설적 견해에 비추어, 생존권규정을 상대화하는 견해가 제기되게 되었다. 대표적 논자의 말을 빌리면, 「자유」 기저적이론이라고 불리는 이 견해는, 종래의 생존권론이 자칫 잘못하면 사회보장법관계를 국

(25) 佐藤卓利 「복지서비스 『준(유사) 시장론』의 메모」 『임금과 사회보장』 1361=1362호(2004년) p.70 이하, 관료주의에 대치되어야 하는 것은 민주주의이지만, 이것이 「소비자주권과 시장원리」로 바뀌어, 조치제도의 해체를 진행하고 있는 것이 사회복지기초구조개혁의 본질로 봄.

가의 국민에 대한 일방적인 급부관계로 간주하는 경향이 있음을 지적하고, 여기에서의 개인(국민)이란 「적극적이고 능동적인 법의 주체」 이기보다 「보호받아야 하는 객체」로써 자리매김해 온 것에 대해 비판, 사회보장의 목적을 자율적인 개인의 주체적 삶의 추구에 의한 인격적 이익의 실현을 위한 조건정비로 간주하여, 헌법 13조를 사회보장법제도의 규범적 근거로 해야 한다고 보는 것이다.(26)

그리고, 최근에 생존권을 대신하는 사회보장법제도의 이념으로써 거론되는 것이 「**사회연대**(공동연대)」와 「상호부조」의 이념이다. 실제로 개호보험법에서는 「공동연대의 이념」이 명시되었다(개호보험법 1조).(27) 앞서 기술한 「95년 권고」도 「사회보장제도는 모두를 위한 모두가 함께 만들고 지탱해 가기 위한 것」이라고 하고, 사회연대의 이념을 「21세기에서의 사회보장의 기본이념」으로 제시하고 있다.

*사회연대

개인 간에 인정되는 상호의존관계를 가리키는 용어

사회연대의 이념을 생존권과 함께 사회보장법의 기본이념으로 보는 견해는 사회보장법학설에서도 유력하게 주장되어 왔지만,(28) 그 규범적인 내용이 반드시 명확한 것이라고는 할 수 없으며, 일본에서는 이 이념을 지탱하는 제도적 전제 자체가 결여되어 있어, 사회보장법의 법이념이라고 하는 법원리적 기반이 결여되

---

(26) 菊地馨実 『사회보장의 법이념』(有斐閣, 2000年) p.139 이하, 「사회보장법이론의 계보와 그 전개 가능성」 『민상법잡지』 127권 4=5호(2003年) p.595 이하 참조. 또는 竹中勲 「사회보장과 기본적 인권」 일본사회보장법학회편 『강좌 사회보장법·제1권/ 21세기의 사회보장법』 (법률문화사, 2001年)p.43 이하도 사회보장의 규범적 근거는 헌법 25조의 사회권규정과 헌법 13조에 근거한다고 함.

(27) 다른 실정법에서 보면, 국민연금법 1조에는 「공동연대」의 문구가, 노인보건법 2조 1항에는 「연대」의 문구가 각각 보여짐.

(28) 高藤昭 『사회보장법의 기본원리와 구조』(법정대학출판국, 1994年) p.22 이하.

어 있고, 법리상의 효용에도 의문이 있다고 비판을 받고 있다.(29) 본래, 앞에 기술한 학설은 생존권과 사회연대의 이념을 함께 사회보장법의 기본원리로 보고(생존권과 사회연대의 이중원리성), 앞서 기술한 「95년 권고」도 「사회보장제도는 헌법에 근거하여 생존권을 국가의 책임으로 보장하는 것으로 정비되어 온 것」으로써 생존권이념을 배제하고 있지 않은 것에 반해, 최근의 사회연대론에서는 두 개의 이념의 관계가 명확하지 않은 채(오히려 의도적으로 애매하게 하여), 생존권이념을 대신하는 것으로써 사회연대의 이념을 강조하고 있다는 데에 특징이 있다. 헌법 13조를 사회보장법제도의 규범적 근거로 보는 「자유」 기저적이론도, 헌법 25조는 국가의 국민에 대한 일방적인 급부관계에서 통제·관리되는 것으로 보고, 헌법 25조와 13조를 관계가 없는 것으로 간주하며, 헌법 25조의 생존권 보장책임을 애매하게 하고 있다는 데에 문제가 있다.(30)

또한 「상호부조」라고 하는 용어는, 특히 국민건강보험제도에서 보험료체납자에 대한 자격증명서의 교부 등의 제재조치를 정당화하는 근거로써, 시·정·촌의 현장에서 지자체관계자에 의해 자주 활용되고 있다.(31)

(29) 籾井常喜「총론적 검토–사회보장법의 이념과 제도체계」『사회보장법』12호(1997年) p.151 이하 참조. 坂本重雄「고령사회에서의 사회보장의 기본이념」『민상법잡지』118권 4=5호(1998년) p.428도 같음.

(30) 「자유」 기저적 이론에 관해서는, 구조개혁노선에 친화적이며 현재의 정책사항에 맞춘 것에 사회보장법의 체계를 변환시켜가기 위해 이용될 수 밖에 없는 측면을 가지고 있다는 비판도 있다. 山本忠「사회보장의 권리와 사회복지의 공적 책임」 복지노동·복지경영공동연구회 편『민간사회복지사업과 공적책임』(카모가와출판, 2003年) p.67항 참조.

(31) 이 점, 지자체 팜플렛과 후생노동성의 지자체를 위한 Q&A등에 「국민건강보험법은 피보험자의 상호부조로 구성된다」고 명기되어 있는 것 자체를 문제시해야 한다. 矢吹紀人＝相野谷安孝『국민건강보험붕괴』(아케비서방, 2003年) p.228 이하 참조 [相野谷安孝집필].

그러나, 본래「상호부조」의 이념은 전쟁 전의 1938년에 제정된, 구 국민건강보험법 제1조의「국민건강보험은 상호공제의 정신에 입각하여 질병, 부상, 분만 또는 사망에 관해 보험급부를 제공함을 목적으로 한다」고 하는 규정에 유래하는 것으로, 전후 1958년 헌법 25조의 정신에 따라「이 법률은 국민건강보험사업의 건전한 운영을 확보하고 이로써 사회보장 및 국민보건의 향상에 기여하는 것을 목적으로 한다」고 개정하였다.(32) 적어도 국민건강보험제도에서의「상호부조」의 이념은 구법의 이념으로, 헌법 25조에 근거한 현행 의 국민건강보험법의 이념과는 맞지 않는다고 볼 수 있다.

## 사회보험주의와 사회연대의 유사적 재편성

그리고, 2001년 코이즈미정권이 성립한 이후에는, 정부관계자와 후생노동성 측근의 연구자를 중심으로 사회보험주의라고 할 수 있는 주장이 눈에 띄게 되었다.

이러한 흐름의 시작은 앞서 기술한「95년 권고」로, 여기에서는「**사회보험**은 그 보험료의 부담이 전체급부에 연결되어 있어 부담의 측면에서도 국민의 동의를 얻기 쉬우며, 또한 급부가 그 부담에 근거한 권리로써 확정되어」있어,「증대하는 사회보장의 재원으로써 사회보험료가 중심이 되는 것은 당연한 것이다」라고 기술되어 있다. 이 권고에서 나타나는 사회보험 우위의 생각은, 이후 고령자복지분야에서 개호보험법이 성립되면서 실현되게 되지만

*사회보험

피보험자가 사전에 보험료를 각출하고 생활곤란의 원인이 되는 특정한 사태가 발생하였을 때 약속된 각출에 맞는 급부가 지급되는 제도로, 공공부조 사회수당과 함께 사회보장을 구성하는 제도

(32) 이 경위에 대해서는, 相澤輿一「전후 일본에서의 사회복지과 사회보험의 순환적 재편-일본적인 반『복지국가』에의 길」『종합사회복지연구』24호(2004年) p.10 이하 참조.

(오히려 고령자개호의 사회보험화를 실현하기 위해 사회보험주의가 유포되었다고 말할 수 있다), 개호보험법 시행 후에는 이것이 하나의 수단이 되어 사회보험의 사보험화와 같은 보험원리가 강화되고 응익부담원칙이 철저해지게 되었다.

사회보장법학에서도, 급부의 보편성과 급부수준이 높다라는 점에서 사회보험의 우월성을 주장하는 논의(33)와, 피보험자에 의한 제도운영에의 참가와 보험자의 자치, 갹출과 급부의 대가적 성격 등의 관점에서 사회보험방식의 규범적 의의를 평가하려고 하는 논의(34)도 있다.

그러나, 전자의 논의는 조치제도를 행정에 의한 일방적인 급부=은혜적이고 선별적인 제도로 단정하고, 이를 공적 비용부담방식과 동일시하고 있다는 데에 문제가 있다. 앞서 기술한 바와 같이, 조치제도도 관료적 운영형태를 시정하고 서비스를 양적으로 확대시키며 요원조자의 권리보장체계를 정비하면 보편적인 복지제도로 발전할 수 있는 가능성이 있기 때문이다(행정책임을 기초로 공적 비용부담방식으로 운영되고 있는 북유럽의 복지제도가 은혜적이고 선별적인 제도로는 볼 수 없음).

또한, 후자의 논의도 적어도 일본의 사회보험현상을 보는 한 설득력이 약하다. 자주적인 공제조합을 국가가 개입하는 형태로 전개해 온 프랑스나 독일의 사회보험과 달리, 일본의 사회보험은 피보험자의 운영참가와 보험자 자치의 전통이 결여되어 있고, 현행의 피보험자의 운영참가시스템도 의의를 상실한 채 운영되고

(33) 전형적인 논의로써, 堀勝洋『현대사회보장·사회복지의 기본문제』(미네르바서방, 1997年)제5장 참조.

(34) 菊地馨実「사회보험인지 조세인지」『법학교실』251号(2001年) p.107 이하 참조.

있기 때문이다. 예를 들면, 개호보험법에서는 시·정·촌이 책정하는 **개호보험사업계획**에 피보험자의 의견을 반영하도록 하는 것이 규정되어 있지만(개호보험법 117조 5항), 개호보험제도체계가 복잡하여 일반시민이 이해하기 어렵고 피보험자의 참가라고 해도 형식적이며 결국 거의 논의 없이 사무국이 설명하는 형태로 끝나는 형식적 심의를 반복하는 계획책정위원회가 많은 것이 실정이다.(35)

*개호보험사업계획

개호보험사업계획은 지방자치단체가 책정하는 개호보험의 보험급부를 원활하게 실시하도록 하기 위한 계획으로, 시정촌이 책정하는 시정촌개호보험사업계획과 도도부현이 책정하는 도도부현개호보험사업지원계획이 있음

무엇보다도, 국민건강보험제도와 같은 지역보험에서 가입자 상호의 연대의식과 보험자 자치를 상정하는 것은 어려우며, 건강보험 등의 직장보험도 기업의 인원감축 등으로 가입자가 감소하고 재정위기가 현재화되어 자치기능이 저하하고 있다. 갹출과 급부의 대응관계도 현실의 사회보험관계에서 실제로는 다르지만 동일시하여 세금의 부담보다도 보험료부담이 국민적 합의를 얻기 쉽다고 보는 사회보험주의자의 주장은 그 타당성에 의문이 있다(예를 들면, 제도불신을 이유로 한 보험료 체납은 현재에도 국민연금제도에서도 현저하게 나타나고 있음).

그리고, 사회보험방식을 지탱하는 이념으로써 자주 채용되는 사회연대의식이라고 하는 것은 공동체 구성원의 동질성과 공통의 가치관은 어느 정도 평등하고 균질적인 사회를 전제로 성립할 수 있는 것이지만,(36) 코이즈미정권 하에서 추진되는 구조개혁은 사회에서의 불평등과 계층격차를 확대시켜, 사회연대의 존립기반

---

(35) 국민건강보험제도의 국민건강보험제도운영협의회(국민건강보험법 11조 1항) 실태도 같다. 이 점에 대해서는, 矢吹＝相野谷·前掲注(31) p.135 이하에 [矢吹 집필] 상세히 서술되어 있음.

(36) 이 문제를 T·H·マーシャル의 시민권이론을 참고로 고찰한 것으로써, 伊藤周平 『복지국가와 시민권』(법정대학출판국, 1996년) 제5장 참조.

자체를 무너뜨렸다. 이러한 의미에서, 현재의 구조개혁노선은 시장원리의 도입에 의한 사회보장의 재편성을 추진하면서 한편으로는, 위에서부터의 사회연대의 유사적인 재편성을 지향하고 있는 것으로 볼 수 있다. 그러나, 이것은 저소득층을 취로와 봉사활동에 반강제적으로 유도하고, 보험료 체납자에게는 징벌적인 대응을 하며, 나아가서는 보험료 체납자를 감시하기 위한 국민 모두에게 번호를 부여하는 것도 구상하는, 치안·감시비용을 필요로 하는 감시국가로 전락할 위험성이 있다(종장1 참조).

### 복지국가화의 부정과 개헌론의 대두

*복지국가

일반적으로 사회보장을 중심으로 하는 복지정책과 완전고용에 정부가 사회적 책임을 지는 혼합경제사회체제를 가리킴

이상과 같은 사회보장분야에서의 급속한 개혁과 재편성의 동향은, 헌법 25조에 근거한 **복지국가**이념의 부정과 최근의 개헌론의 대두와도 보조를 맞추고 있다.

헌법 25조의 생존권규정을 근거로 일본의 헌법이 복지국가이념에 근거하고 있다는 것은 전후의 헌법학설에 근거하여 일반적으로 승인되어 온 것이라 할 수 있다.(37) 헌법학설에서는, 최근 신자유주의의 논자들이 주장하듯이 복지국가는 자유를 억압하는 것이 아니라 오히려 자유를 적극적으로 실현하는 것으로 간주해 왔다. 더욱이 일본에서는, 가족과 기업이 복지의 제공자로서 중요한 역할을 담당해 왔기 때문에 공적 부문의 역할과 재정규모는 한정적인 것이었다. 그 때문에, 전후의 일본이 헌법 25조의 규범적 요청에 따라 복지국가체제를 확립해 온 것에 대해서는 논의가 있지

(37) 中村睦男「생존과 헌법」樋口陽一編『강좌헌법학·제4권/권리의 보장(2)』(일본평론사,1994년) p.64 참조.

만, 불충분하더라도 헌법 25조에 규정된 공적책임을 근거로 복지국가화하는 방향으로 추진되었다고 볼 수 있다. 그리고, 이것을 사회복지분야에서 구체화한 제도가 조치제도였다.

한편, 「사회연대」라고 하는 개념 혹은 이념은, 일본의 헌법이 중시하는 가치로써 적극적으로 간주하고 헌법해석에 활용되어 왔다고는 말하기 어렵다고 하는 지적(38)이 있는 것처럼, 전후의 헌법학설에서는, 시민적 자유와 인권이념과 대립하는 이념으로써 오히려 부정적으로 간주되어져 왔다. 예를 들면, 1956년에 설치된 헌법조사회의 최종보고서(1964년 7월)는, 일본 헌법의 「제3장은 개인의 권리를 존중하는 것에 급급하여 의무 및 국가를 경시하고 있는 것으로, 또한 국가와 개인을 대립적인 것으로 보고, 국가협동체에서의 사회연대의 개념과 개인의 사회적 책임의 개념을 경시하고 있는 것」으로 보고, 「국민의 사회연대적인 의무에 관한 규정을 강화하는 것(39)」과 「사회연대적인 단체 중심의 사상을 심지 않으면 안된다(40)」는 것을 강조하고 있지만, 이러한 「사회연대」의 이념은 이미 헌법학자들에 의해 「천황제와 가족주의와 연결되어 있는 사회연대론(41)」으로써 통렬한 비판을 받아 왔다.

그러나, 1990년대가 되자 앞서 기술한 바와 같이 조치제도에 대한 비판·수정론이 대두되면서 사회연대론이 주장되게 되어, 헌법학의 분야에서도 복지국가이념과 생존권보장의 실현은 정치적

(38) 遠藤美奈「『건강하고 문화적인 최저한도의 생활』의 복안적 이해」斎藤純一편저『복지국가/사회연대의 이유』(미네르바서방, 2004년) p.156 참조.
(39) 헌법조사회「헌법조사회보고서」『법률시보』36권 9호(1964년) pp.170-171.
(40) 헌법조사회·전게주(39) p.179.
(41) 小林直樹「일본의 정치문화와 개헌론」『법률시보』36권 11호(1964년) p.7.

과정에 위임하여야 한다는 관점에서 헌법이 복지국가이념을 채용한 것에 의문을 가지는 견해(42)도 나오게 된다.

또한, 유럽 및 미국에서는 공적부조와 실업급여를 수급하는 데에 있어 취로와 직업훈련을 의무화하는 프로그램을 실시하는 등, 고용과 소득보장정책의 측면에서 복지국가가 「취로 없는 복지」에서 벗어나는 것을 목적으로 한 「workfare」라고 불리는 시책이 전개되어,(43) 이에 연동하는 형태로 일본의 사회보장권리론에서도, 사회보장급부의 대가로써 보험료 부담 등의 갹출 이외에도 부담능력이 없는 사람에게는 봉사의무 등을 지우도록 해야 한다는 논의가 활발해지게 되었다.(44)

이미 정치세력은 사회민주당과 공산당의 헌법을 옹호하는 세력이 크게 후퇴하고, 민주당 의원도 포함하여 개헌론자가 많아지게 되어, 2005년 9월의 중의원 선거결과 중의원에서는 자민·공명의 여당이 2/3를 차지하여 중의원만이라면 국회에 의한 헌법개정

(42) 松井茂記 「복지국가의 헌법학」『ジュリスト』1022号(1993년) p.72 이하 참조.
(43) workfare정책에 대해서는, 宮本太郎 「취로·복지·workfare-복지국가의 재편을 둘러싼 새로운 대립축」 塩野谷裕一외편 『복지의 공공철학』(동경대학출판회, 2004년) p.218 이하에서 상세히 기술.
(44) 예를 들면, 菊地·前揭注(26) 논문 p.600 이하는, 사회보장법제도·정책에서 존중해야 할 규범적 가치로써, ① 강제의 계기에의 신중한 대응, ② 개인의 「주체성」의 존중을 들어, ②로부터 「참가」「선택」「공헌」의 구체적 원칙을 도출하고 있다. 이 중에 「공헌」의 원칙은, 사회보장법관계에서 기초적 법주체로서의 개인은 본래 능동적이고 주체적인 권리의무주체이며, 일방적으로 급부를 받는 것에 그치지 않고, 비용부담 등 제도에 대한 일정의 「공헌」이 요구되는 것으로, 생활보호수급자와 같이 비용부담능력이 결여되어 있는 경우에도 직업훈련과 자원봉사활동에의 종사 등 임무를 통한 「공헌」이 필요하다고 한다. 그러나, 이러한 「공헌」 원칙을 제시하는 것은 논자의 의도는 어떨지 모르지만 저소득자와 생활보호수급자에 대해 능동적 권리의무주체인 것을 명목상으로 하여 봉사활동 등의 「공헌」을 강제하는 것에 연결될 수 있으므로, ①의 규범적 가치에 반하는 이론모순을 가지게 되었다고 생각함.

의 발의(각 의원의 총의원의 3분의 2 이상 찬성, 헌법 96조 1항)가 가능한 상황이 만들어졌다. 2005년에는 중의원도 참의원의 헌법 조사회의 최종보고서가 제출되어, 2006년의 통상국회에서는 헌법개정을 위한 국민투표법안의 제출도 예정되어 있었다.

개헌의 중심이 된 것은 헌법 9조로, 최근 소년범죄의 심각화 등을 배경으로 가족관계에서의 개인의 존엄과 평등을 정한 헌법 24조의 개정, 이에 연동하는 교육기본법의 개정도 검토되고 있다. 헌법 25조의 생존권규정에 대해서는 앞서 기술한 바와 같이 현재 개정의 움직임은 없지만, 사회보장급부의 대가로써의 갹출·봉사의무가 포함될 가능성은 많다. 그리고 국가에의 봉사의무로써의 병역의무, 결국 징병제의 주장이 나오는 것도 용이하게 상상할 수 있다.(45)

## 05 사회보장개혁 속에서의 생존권의 신동향과 과제

### 생존권론의 신동향

서장에서 기술한 바와 같이, 일본은 코이즈미정권 하에서 사회보장급부의 삭감, 응익부담원칙에 근거한 사회보험료와 이용자 부담의 증대, 보험원리의 강화 등이 추진되어 사회보장소득재

(45) 실제로, 헌법조사회·前揭注(39) p.176에는 「사회연대의 원칙에 근거한 공공적 의무」의 관점으로부터, 새롭게 지워야 할 의무로써 「헌법 및 법령을 존중하고 준수하는 의무, 국가에 대한 성실 또는 충성의 의무, 국방방위의 의무 등」을 들 수 있다. 또한, 최근에는 요미우리신문의 개헌안이, 25조의 조문에 3항으로써 「국민은 자기의 노력과 상호의 협력에 의해 사회복지 및 사회보장의 향상 및 증진을 꾀하는 것으로 한다」는 규정을 추가하는 것을 제안하고 있음(『요미우리신문』 2004년 5월 3일).

분배효과가 약해지고 있다. 동시에, 고소득자와 대기업에서는 대규모의 세금감면이 이루어져 세금의 누진율이 저하하고 세제의 소득재분배효과도 약해져(소득세의 최고세율은 1986년의 70%에서 현재는 37%까지 낮아졌고, 법인세율도 1988년의 40%에서 현재는 30%까지 낮아졌음), 소득격차와 빈부의 격차가 확대되고 있다. 더불어 장기간에 걸친 불황의 영향으로 조세수입의 부족이 현저해지고 소비세에의 의존도가 높아져 사회보험방식을 취하고 있는 국민연금과 국민건강보험제도에서는 앞서 기술한 바와 같이 체납문제가 심각하다.

그리고, 조세·보험료 부담의 새로운 대상이 된 것이 지금까지 부담능력이 없는 혹은 낮아 비과세, 보험료가 감면된 저소득층과 주부층, 고령자이다. 특히 고령자는 개호보험료부담에서 볼 수 있듯이, 상호부조와 사회연대의 이념을 명목으로 부담능력이 없는 사람에게도 세금을 부과하도록 하고 보험료도 부과징수하려고 하는 시책이 전개되고 있다. 조제개혁에 있어서도 누진성의 강화가 아닌 평준화를 지향하고 소득세의 과세최저한도를 인하하고 연금과세를 강화하도록 하고 있으며, 장애연금·유족연금의 과세도 검토하고 있다.

이상과 같은 부담의 증가·급부억제를 중심으로 하는 내용의 사회보장개혁추진에 대한 위기의식으로부터 헌법학과 사회보장법학에서도 생존권론과 사회보장권리론의 새로운 이론적 전개가 서서히 시도되게 되었다.

예를 들면, 헌법 25조 1항의 생존권을 구체적으로 재판소에서 구제를 받을 수 있도록 하는 헌법상의 권리와 위상, 과거의 급부에 대한 청구에 대해서는 손해배상청구에 대한 금전급부판결이, 장래의 급부에 대한 청구에 대해서는 의무화판결과 급부판결이 가능하다고 하는 견해,(46)(47) 또는 생존권의 권리내용을, ① 인간으로서의 생명을 유지하는 데 필요한 생존권의 보장, ② 최저한도의 물질적인 생활권의 보장, ③ 문화적·정신적 의미에서의 양호한 생활을 영위할 권리로 나누어 구성하고 위헌심사기준에서, ①에 대해서는 가장 엄격한 심사를, ②에 대해서는 엄격한 합리성의 기준을, ③에 대해서는 「합리성의 기준」을, 적용해가야 한다는 견해(48) 등이 있다.

또한, 보다 기본적인 생존권의 이념적인 기초에 대한 논의도 전개되게 되었다. 예를 들면, EU제국의 사회정책에서 극복해야 할 중심과제인 「**사회적 배제(Social exclusion)**」의 개념을 활용하면서 「건강하고 문화적인 최저한도의 생활을 영위할 권리」가 사회보장 급부에 의해 실현될 때, 다른 헌법상의 권리(전형적인 형태로는 자유권)가 침해되지 않도록 적극적인 배려가 요청된다고 보고, 생존권의 내실을 자유권과 관련지어 재구성하려고 하는 노력도 있다.(49)

*사회적 배제

어떤 이유로 인해 개인 또는 집단이 사회로부터 배제되는 것, 혹은 그러한 상태를 가리킴

(46) 藤井樹也 『「권리」의 발상전환』(성문당, 1998년) p.414 이하 참조.

(47) 棟居·前揭注(5) p.163 이하, 특정의 현물 내지는 서비스급부를 요구하는 소송은 인정하지 않지만, 금전급부를 요구하는 소송에 대해서 재판소는 생존권을 재판규범으로 하여 금전급부판결을 행하는 것은 가능하다고 보고 있음.

(48) 山内·前揭注(11) p.77 이하 참조.

(49) 遠藤·前揭注(38) p.174 이하 참조.

*다까소송

高眞司는 24시간 개호가 필요한 신체장애인으로 장애연금과 생활보호제도를 활용하여 재택에서 생활하고 있었으나, 이시카와현의 심신장애인부양공제연금(월 2만엔)을 지급받자, 생활보호제도에서 그것을 수입으로 인정하여 생활보호비에서 그만큼 액수를 줄여서 지급한 것에 대해 그 처분의 취소를 요구한 소송(생활보호비감액처분취소청구소송)

*나까지마소송

中嶋豊治가 생활보호수급 중에 저축을 통해 학자보험에 가입하여 받은 만기보험금(449,807엔)을 생활보호제도에서는 수입으로 인정하여 생활보호비가 감액변경처분된 데에 대해 이러한 변경처분이 위헌, 위법이라고 주장하며 처분의 취소를 요구한 재판임

## 사회보장재판의 동향

한편, 사회보장재판은 전후의「제 3의 물결(50)」이라고 불리듯이 1990년대 후반부터 생활보호소송을 중심으로 하는 많은 소송이 제기되어, **다까소송**판결(최고재판소판결, 2003.7.17 賃社 1351=1352호 124항)과 **나까지마소송**판결(최고재판소판결, 2004.3.16 賃社 1367호 8항)과 같이, 최고재판소의 단계에서 원고의 주장이 받아들여지는 판례도 나오고 있다. 또한, 학생무연금장애인소송의 제1심판결(동경지방재판소판결, 2004.3.24판시 1852호 3항)과 같이 국가의 입법부작위를 인정한 주목할 만한 판결도 나오고 있다.

그러나, 원고 측의 승소가 있다고는 해도 다까소송 혹은 나까지마소송도 재판과정에서는 변함없이「광범위한 입법재량론」의 벽에 부딪쳐, 헌법 25조 위반의 문제에 대해서는 거의 논의되지 않고, 판례이론·학설에서도 입법재량론과 위법심사기준에 대한 논의의 심화는 보이지 않고 있다. 학생무연금장애인소송에서는 동경지방재판소의 판결에 따라, 2004년 2월 의원입법에 근거하여「특정장애인에 대한 특별장애급부금의 지급에 관한 법률」(이하「장애급부금법」이라고 함)이 성립하여, 2005년 4월부터 급부신청창구가 개설되었는데도 불구하고, 공소심판결(동경고등재판소판결, 2005.3.25 賃社 1394호 64항)은, 1심의 동경지방재판소판결을

(50) 사회보장재판의「제 3의 물결」이란, 1990년대 이후의 생활보호재판을 중심으로 하는 사회보장재판운동의 전개를 가리킨다. 이 점을 포함하여 최근의 사회보장재판의 동향에 대해서는, 木下秀雄「사회보장재판의 동향–높아지는 제3의 물결」相野谷安孝외 편『2005년 일본의 복지/쟁점과 과제』(大月書店, 2005년) p.76 이하 참조. 참고로 제 1의 물결은 1960년대의 아사히소송을 중심으로 하는 사회보장재판운동, 제 2의 물결은, 1970년대의 후지키소송과 호리키소송에 대표되는 사회보장재판의 전개를 가리킨다고 함.

취소하고, 장애의 준비는 개인책임으로 하고 구제에 대해서는 큰 폭으로 입법재량을 인정하여 입법부작위를 부정하였다.(51)

또한, 저소득자에의 개호보험료 부과처분의 위헌성을 논의한 **쓰기오소송**에서는, 1심판결(아사히카와지방재판소판결, 2002.5.21 賃社 1335호 58항), 공소심판결(삿포로고등재판소판결, 2002.11.28 賃社 1336호 55항)에서 위헌성을 부정하고 원고의 주장을 기각하고 있다. 오사카의 같은 판결에서도 생존권보장과 개호보험법과의 관계를 정면으로 싸우는 소송이었는데도 불구하고, 중요한 헌법 25조의 문제에 관해서는 입법재량에 맡겨 판단을 회피하고 있다(오사카지방재판소판결, 2005.6.28 賃社 1401호 64항).

*쓰기오소송

저소득자에 대한 개호보험료부과처분의 위헌성을 제기한 소송

사회보장입법은 본래 일정한 정책목표를 달성하기 위한 「정책법」으로써의 성격이 강해, 법률자체는 기본적인 틀을 정할 뿐 최근의 사회보장개혁과 같이 재정억제라고 하는 본래의 목적에서 일탈한 상태가 발생하고 그것이 일상화되는 경우도 많다. 이러한 일탈상태를 시정하는 의미에서 적극적인 사회보장재판의 제기와 그것을 계기로 한 사법에 의한 통제, 특히 행정재량의 통제가 중요해진다. 이른바 사회보장의 현장에서 생기고 있는 문제와 사건에 대한 실태분석과 법이론적 검토를 실시하여, 구체적인 「당사자」가 출현했을 때, 사법구제의 과제로써의 「사회보장소송을 만드는(52)」작업, 게다가 사회보장소송을 통한 당사자의 권리구제를 꾀

(51) 高藤昭「무연금장애인구제입법을 둘러싼 국가3권의 교착과 그 문제점」『주간 사회보장』 2333호(2005년) p.49, 공소심에서의 1심판결의 취소는, 장애급부금법의 성립에 있어서 입법부의 의거한 입법기초를 복멸하는 것이 되어, 현행 법제도를 전제로 하면 정부의 공소는 늦어도 이 법의 성립시점에서 취하되어야 했다고 봄.

(52) 木下秀雄「사회보장소송을 만들다」『임금과 사회보장』 1289=1290호(2001년) p.87.

함과 동시에 문제상황을 명확히 하고 정책의 규범적 지침을 보이는 작업의 필요성이 높아지고 있다.

그러나, 종래의 헌법학설은 생존권의 재판규범성의 논증에 초점을 두어,(53) 사회보장재판에서 유효한 이론을 제시해 왔다고는 말하기 어렵다.(54) 행정해석에서 권리성이 부정되어 온 조치제도 하에서의 사회보장법학에서도 마찬가지이다. 특히 헌법학설의 생존권론은 법적 성질과 심사기준을 논하는 국면에서도 심사기준을 구분하는 논의에서도 제도만이 아니라, 최저생활보장에 초점을 맞춘 논의가 되어져 왔다는 지적이 있는 것과 같이,(55) 생존권론의 구체적인 사회보장제도에의 응용, 생존권이념을 기초로 한 정책의 규범적 지침을 나타내는 작업이라고 하는 점에서 연구는 시작이라고 할 수 있다.

### 생존권론의 과제-개호보장과의 관련으로부터

이상의 고찰을 참고로, 생존권론의 과제를 개호보장과 관련지어 전망해 보도록 한다.

지금까지 검토해 온 바와 같이, 현재의 헌법학설에서「최저한도의 생활」보장에 대해서는 비교적 엄격한 사법심사 및 그 이상

(53) 尾形健「『복지』 문제의 『헌법이론』(1)『법학논총』147권 5호(2000년) p.91, 또는 葛西まゆこ「생존권의 규범적 의의」『법학정치학논구』64호(2005년) p.242 참조.
(54) 藤澤宏樹「『건강하고 문화적인 최저한도의 생활』을 둘러싼 판례와 학설」『月刊保団論』863호(2005년) p.23은, 종래의 생존권론이 생존권을 추상적 권리도 보아도 좋은가 하는 논의를 동결시켜, 재판규범성을 가지는 것을 전제로 입법재량의 범위를 논해 왔지만, 이 방법으로는 헌법상 명시되어 있는 권리인 생존권의 내용을 헌법이 구속할 수밖에 없다고 하는 추상적권리설의 치명적인 결함이 방치되었다고 비판함.
(55) 太田匡彦「『사회보장수급권의 기본권 보장』이 의미하는 것」『법학교실』242호(2000년) p.121 이하 참조.

수준의 생활보장에 대해서는 광범위한 입법재량을 인정하는 「심사기준의 이분론(56)」이 유력하다고 말할 수 있다.

「건강하고 문화적인 최저한도의 생활」의 구체적인 내용을 확정할 수 있는지에 대해서는 학설상에서도 의견이 달라, ① 그 생활수준은 특정 국가의, 특정 시기에 있어서는, 객관적으로 존재할 수 있는 것으로 과학적으로 확정하는 것이 가능하다는 설(57)과, ② 무엇이 최저한도의 생활수준인지는 특정의 시대의 지정한 사회에서 어느 정도 객관적으로 결정할 수 있다는 설(58) 등이 이 존재하고 있다(②가 유력설).

판례는, 앞서 기술한 아사히소송에서 최고재판소의 판결이 「건강하고 문화적인 최저한도의 생활이란 추상적인 상대적 개념으로 그 구체적인 내용은 문화의 발달, 국민경제의 진전에 수반하여 향상되는 것은 물론 다수의 불확정적 요소를 종합적으로 고려하여 결정할 수 있는 것」이라고 보고, 구체적인 생활수준에 대해서는 헌법으로부터 해석할 수 없다는 입장을 취하고 있다.(59) 판례의 입장에서는, 「건강하고 문화적인 최저한도의 생활」 수준을 확정하는 데에는 고도의 전문적 판단이 필요하여 광범위한 입법재량이 인정되고 반대로, ①설의 입장에서는 객관적으로 확정되는 최저한도의 생활수준에 대해서는 입법재량 등의 여지는 없고, 그것을 밑도는 입법과 처분은 위헌무효가 될 것이다.

---

(56) 前田雅子 「생존권 실현의 이론」 『공법연구』 59호(1997년) p.338 참조.
(57) 大須賀·前揭注(4) p.96 이하 참조.
(58) 芦部信喜(高橋和之補訂) 『헌법 [제3판]』(岩波書店, 2002년) p.245 참조. 또는 佐藤·前揭注(3) p.623도 「일단 객관적으로 결정할 수 있다」고 봄.
(59) 小山弘剛 「생존권－생활보호기준액의 검토」 『법학세미나』 593호(2004년) p.23 참조.

어떠한 경우에도, 헌법학설에서 지배적인 「어느 정도」라고 하는 유보가 붙어 있으며, 객관적으로 확정할 수 있는 「건강하고 문화적인 최저한도의 생활」수준에 대해, 개별적인 법률수준에서 구체적 고찰을 하는 작업이 과제로써 남아 있다(제 1의 과제).

동시에, 지금까지 헌법학에서의 생존권론은 「건강하고 문화적인 최저한도의 생활」수준을 소득수준으로 간주하고, 금전급부(특히, 생활보호급부)에 의한 소득보장의 논의로 전개되어 왔는데, 거기에는 생존권보장이 소득보장이라고 하는 전제가 존재한다고 말할 수 있다. 그러나, 고령과 장애 등으로 일상생활에서 지원과 개호를 필요로 하는 사람(이하 「요원조자」라고 함)은 금전급부에 의한 소득보장만으로 「건강하고 문화적인 최저한도의 생활」을 유지하기가 어려우므로 의료나 복지서비스의 제공과 같은 현물급부가 불가피하다. 결국 요원조자에게 있어서는, 소득보장뿐 아니라 적절한 개호보장도 「건강하고 문화적인 최저한도의 생활」의 범주에 포함된다고 볼 수 있으며, 이러한 견해는 학설에서도 유력해지고 있다.(60)

단, 요원조자의 개호욕구 등은 개별성이 강하고, 「건강하고 문화적인 최저한도의 생활」의 구체적 내용과 수준을 확정하는 것은 용이한 것이 아니다. 또한 만약에 확정할 수 있다고 하더라도 그것은 개별적 수준에 그치며 보편화할 수 있는 성격의 것이 아니

(60) 遠藤·前掲注(38) p.168 이하 등을 참조. 또는 岩本一郎 「생존권과 국가의 사회보장의무」 高見勝利외편 『일본국 헌법해석의 재검토』(有斐閣, 2004년) p.218, 생존권 보장=소득보장이라고 하는 전제는, 개인의 다양한 복지욕구에 대응하여 생존권의 내용을 다양화 하는 방향으로 논의가 진행되는 것을 저해하였다고 보고 있다. 阿部泰隆 「헌법상의 복지시책 청구권」 西谷剛외 편 『정책실현과 행정법』(有斐閣), 1998년 p.2 이하도 참조.

다. 이러한 의미에서, 헌법학의 생존권을 둘러싼 논의가 입법(행정)재량의 통제를 위해 수치로써 객관적으로 확정하기 쉬운 소득수준을 전제로 하여 소득보장으로 간주한 형태로 전개되어 온 것도 어쩔 수 없는 면이 있다고 볼 수 있다. 그리고 소득보장에 그치지 않고 개호보장 등의 「건강하고 문화적인 최저한도의 생활」수준을 명확히 해 가는 작업이 생존권론의 중요한 과제로써 남아 있다(제2의 과제).

다음 장에서는, 이러한 제1의 과제, 제2의 과제를 염두에 두면서 생존권론의 구체적인 사회보장제도에의 적용을 하기 위한 시도로써, 개호를 필요로 하는 요개호자의 개호보장 체계인 개호보험법을 중심으로 요개호자의 생존권보장이라고 하는 관점에서 그 특징과 한계를 명확히 하여 입법적·이론적 과제를 찾아보고자 한다.

# 제2장

# 개호보험법과 개호보장 -요개호자의 생존권보장의 관점에서

## 01 개호보험의 급부구조와 그 특징

### 개호보험의 급부구조

본 장에서는 제1장에서의 고찰을 근거로 개호를 필요로 하는 요개호자의 생존권보장의 관점에서 **개호보험법**에 의한 개호보장의 특징과 문제를 명확하게 하고자 한다.

*개호보험법

1997년 12월 17일 법률 123호로써 개호보험이 성립하여 2000년 4월 1일부터 시행됨

먼저, 개호보험의 급부구조를 대략적으로 살펴보자. 개호보험의 피보험자가 개호보험급부를 받기 위해서는, ① 피보험자로써 개호보험료를 납부하고, ② 보험자인 시정촌에서 행하는 요지원·요개호인정(이하, 요개호인정이라고 총칭, 개호보험법 19조) 급부자격을 부여받아, ③ 개호서비스계획(후술, 요지원자의 경우에는「개호예방서비스계획」이라고 함. 개호서비스계획은 재택과 시설로 구분되어져 있으며, 각각 이를「재택서비스계획」과「시설

서비스계획」이라고 함) 을 작성해서 시정촌에 제출하고, ④ 지정 재택서비스사업자나

개호보험시설(지정개호노인복지시설, 개호노인보건시설과 지정개호요양형의료시설)과 서비스이용계약(이하, 개호보험계약이라고 함)을 체결하고 서비스이용계약에 따라 서비스를 이용하게 된다.

그 중에서, ①의 피보험자는 시정촌(동경도의 특별구도 포함, 이하「시정촌」이라 칭함) 내에 주소를 가지고 있는 65세 이상의 자(제1호 피보험자)와 시정촌의 구역 내에 주소를 가지고 있는 40세부터 64세까지의 의료보험가입자(제2호 피보험자)로 구분된다(개호보험법 9조). 65세 이상의 생활보호수급자(이하,「피보호자」라고 칭함)도 주소를 가지고 있는 시정촌의 제1호 피보험자가 되지만, 이 경우에는 생활부조에 보험료가 가산되어 지급되기 때문에 실질적인 부담은 없다. 제2호 피보험자의 경우에는, 의료보험가입이 피보험자의 요건으로 되어 있기 때문에 의료보험에 가입되어 있지 않는 대부분의 피보호자는 개호보험의 피보험자에 해당되지 않는다.(1)

(1) 국민건강보험법 6조 6호에 의해, 피보호자는 국민건강보험의 피보험자로부터 제외되어지기 때문에, 대부분은 제2호 피보험자가 되지 않는다. 65세를 경계로 피보호자의 개호보험적용의 여부가 바뀌는 부정합은 제2호 피보험자의 개호보험료를 의료보험의 보험자로부터 납부시키는 구조로 되어 있기 때문에 생기는 것으로, 법적인 정합성을 도모하기 위해 65세 이상의 피보험자는 개호보험의 피보험자로부터 제외할지, 국민건강보험법을 개정해서 피보험자도 국민건강보험의 피보험자로 할 것인지의 조치가 필요했다고 생각된다. 新田秀樹 「개호보험제도와 생활보호제도(상)」『월간개호보험』106호(2004년도) p.65참조, 더구나 佐藤進=河野正輝『개호보험법』(법률문화사, 1996年) p.103[良水弥太郎編集]에서는, 제1호 피보험자에 피보호자가 포함되어지는 것을 평가하면서, 처음부터 국민건강보험이 피보험자를 적용제외로 하고 있는 것이 문제라고 지적하고 있다. 국민건강보험법이 피보호자를 적용제외한 것은 부담능력이 없는 자에게는 보험료 부담을 요구하지 않도록 하는 취지에서였지만 이상적인 사회보험의 피보험자에 대해서는 앞으로 논의가 필요할 것임.

②의 요개호인정은, 보험자인 시정촌이 요개호인정을 신청한 피보험자에게 요지원·요개호상태(개호보험법 7조 1항·2항, 보험사고)가 발생했는지, 발생하고 있지 않을 경우에는 그 정도(개호보험법상은 요개호상태구분, 이하 「요개호도」라고 칭함)를 판정하는 것으로 「신청에 대한 처분」(개호보험법 27조 14항), 즉 시정촌에 의해 행정처분이 되어진다. 게다가 제1호 피보험자의 경우, 요개호·요지원 상태가 된 원인에 상관없지만 제2호 피보험자의 경우에는 특정질병에 의해 요개호·요지원상태가 된 경우에만 보험급부대상이 된다. 요개호인정으로 요개호·요지원상태라고 판정된 피보험자는 각각 「요개호자」와 「요지원자」로 구분된다(이하, 본 장에서는 「요개호자」의 개호보장에 대해 검토하고 요지원자와 예방급부에 대해서는 제 4장에서 검토함).

③의 개호서비스계획 중에서, 거택(재가)서비스계획은 거택개호지원사업자(소속은 개호지원전문원)가 작성했을 경우, 작성비용은 재택개호서비스계획비로 100% 보험급부대상이 되기 때문에 이용자부담은 없다(개호보험법 46조 1항·2항). 개호예방서비스계획은 지역포괄지원센터의 보건사 등이 작성한다(제4장 2 참조). 시설서비스계획은 개호보험시설에 있는 개호지원전문원이 작성하지만 작성비용은 시설서비스급부에 포함되어 있어, 별도의 보험급부로 책정되어 있지 않다.

이러한 절차를 거친 다음, 요개호자가 지정재택서비스사업자나 개호보험시설(이하, 둘 다 합쳐서 「개호사업자」라고 칭함)과 개호보험계약을 체결하고, ③의 계획에 따라 해당서비스를 이용함으로써 개호급부(「요개호」 판정의 경우)를 받을 수 있다(④의 요건, 개호보험법 18조 1항). 이 경우, 해당서비스비용(후생노동대신이 정한 기준에 의해 산정되어진 지급액. 이하, 「개호보수」라고 칭함)의 90%가 급부되지만(거택서비스비용지급에 대해서는 개호보험법 41조 1항 참조), 그 비용은 개호사업자에게 직접 지급된다(대리수령).

### 개호보험급부의 특징

이상과 같이, 개호보험급부에서는 요개호자가 개호서비스계획에 따라 개호보험급부대상이 되는 서비스(이하, 「개호보험서비스」라고 칭함)를 이용한 경우에 보험급부가 지급되고 급부내용도 지급한도액(상한) 조건부의 정액급부(서비스 이용의 90% 급부)가 된다는 점이 특징이다.

*현물급부

복지문제의 해결, 완화를 위해 동원되는 여러 가지 방법으로 현물급부는 서비스를 필요로 하는 자들에게 지급되는 보장구, 생활용품 이외에도 서비스 이용권 등을 가리킴

*현금급부

현금급부는 현금을 직접 이용자나 보호자 등에게 지급하는 형태와 생활의 안정을 위해 감면해 주는 형태, 자금을 낮은 이자로 융자해 주거나 하는 형태가 있음

개호보험법에는 **현물급부**를 원칙으로 한다는 규정이 없을 뿐만 아니라, 각 보험급부의 내용이 「거택개호서비스비의 지급」(개호보험법 41조 1항)과 같은 비용지급의 형태를 취하고 있다. 즉, 개호보험급부는 의료보험의 「요양급부」(건강보험법 63조 1항, 국민건강보험법 36조 1항)와 같이 현물급부가 아니라 서비스비용의 **현금급부**로 되어 있다.

단, 실제로 요개호자가 개호사업자로부터 서비스를 제공받았을 경우 대리수령의 방식을 취하고 있기 때문에 요개호자에게는 의료보험과 같은 현물급부로 인식된다. 이것을 「실질적인 현물급부」(2)라고 부르는 사람도 있지만, 이 경우에도 개호보험법상 보험

(2) 堀勝洋 「사회보장급부」 일본사회보장법학회편·제1장주(26) p.117 참조, 이러한 견해에 대해서는 서비스이용에 관련되는 법률관계에 있어 시정촌(보험자)이 서비스급부의무를 담당하는 당사자가 아니라는 점을 간과시킬 우려가 있다라는 비판이 있다. 前田雅子 「사회보장의 법률관계」 『ジュリスト増刊·행정법의 쟁점[제 3 판]』(有斐閣, 2004年) p.235 참조.

자인 시정촌이 서비스비용(90%)을 요개호자에 지급하고 요개호자가 본인부담분(10%)을 합쳐 개호사업자에게 비용을 지불한다는 것이 기본형태이며 대리수령방식은 어디까지나 편의에 따른 것임을 유의해야한다.(3)

또한, 의료보험의 경우에는 피보험자가 보험의료기관에 피보험자증(의료보험증)을 제시하고 의료기관의 의사가 치료의 필요성 등을 판단하는 방식을 취하고 있으며(요개호인정과 같은 행정처분은 개재되어 있지 않음), 의사가 행한 치료 등 의료행위는 요양급부로써 현물급부로 지급되고 보험급부부분과 자유진료부분을 편성하는 「혼합진료」는 원칙적으로 금지되어 있다. 그러나 개호보험의 경우에는, 보험급부의 지급한도액을 초과한 부분의 서비스이용은 전액 자기부담으로 개호보험서비스와 자기부담에 의한 서비스이용, 즉 혼합개호가 인정된다. 다만, 실제로 지급한도액을 초과한 서비스이용자는 전체 이용자의 1.5%에 머물고 있다.(4)

어쨌든 개호보험급부는 한정적인 급부에 머물고 있어 요개호자의 생활전반을 지원해 줄 수 있는 것이 아니라, 보험급부로 부족한 서비스에 대해서는 이용자가 자기부담으로 구입하는 것이 상정되어져 있다(서비스의 상품화).

---

(3) 같은 지적으로 前田·제1장주(21) p.24 참조, 예를 들면, 동법 41조6항의 대리수령규정의 문구도 「재택서비스사업자에 지불할 수 있다」고 되어 있음.

(4) 의료경제연구기구 「재택개호서비스이용자의 상태와 케어플랜에 관한 연구보고서」(2002年)참조, 또한 의료보험의 혼합진료의 문제에 대해서는 제5장 5 참조.

## 02 개호보험급부수급권 발생시기와 특징

### 사회보장수급권과 행정결정

이러한 개호보험의 급부구조에서 개호보험급부수급권의 발생시기가 문제가 되고 있다.

일반적으로 사회보장수급권을 얻기 위해서는 행정청에 의한 일정한 행위나 결정을 필요로 하는 경우가 많다. 예를 들어 생활보호수급의 경우에는, 보호개시결정(생활보호법 24조, 25조)이, **노령기초연금**수급의 경우에는 사회보험청장관의 결정이 각각 필요하다(국민연금법 16조).(5) 이러한 결정 등의 법적 성격에 대해서는 전자의 생활보호개시결정 등은 **형성적행위**, 후자의 사회보험청장관의 결정 등 주로 사회보험방식에서의 행정결정은 **확인행위**로 해석되는 학설이 유력하다.(6)

*노령기초연금

국민연금보험료를 납입한 기간이 원칙적으로 25년 이상 경과한 사람이 65세가 되어서 받을 수 있는 연금

*형성적행위

본래 국민이 갖고 있지 않은 권리 등을 주는 행위를 말함

*확인행위

특정한 사실 또는 법률관계에 의문이나 분쟁이 있을 때, 공적 권위를 가지고 正否를 확정하는 준법률행위적 행정행위를 말함

사회보험의 경우에는 피보험자가 법률요건에 해당하는 것으로 발생한 추상적인 급부청구권이 행정처분에 의해 구체적인 청구권(수급권)으로 확정된다는 논리이다(노동자재해보상보험법에 의한 보험급부에 대해서는 최고재판소판결 1954.11.26 민사사

---

(5) 成田頼明「행정법의 측면에서 본 사회보장법(하)」『ジュリスト』302호(1964년) p.22, 사회보험의 경우는 통상 수급자격이나 수급액에 대해 법률로 상당히 명확한 규정이 마련되어 있지만, 급부주체와 상대방과의 사이에 있을 분쟁을 방지하고 급부의 법적확정성을 담보로 하는 견지에서 재정(裁定)이나 결정과 같은 행정처분을 개재시키고 있다고 설명하고 있음.

(6) 成田·전게주(5) pp.22-23 및 堀勝洋『사회보장법총론[제2판]』(동경대학출판회, 2004年) p.227 이하 등 참조, 이것에 대해서 宮崎·제1장주(19) p.351 이하, 보호결정을 설권(형성)행위로 보는 견해는 그것을 은혜적인 것으로 하는 사고방식의 잔재라고 비판하고, 실제의 실무처리에서 보면 보호결정은 확인행위라고 보는 편이 헌법으로 적합하다고 보고 있다. 필자의 개인적 의견도 동일함.

고판례집 8권 11호 2075항 참조). 이에 관해서 국가공무원재해보상법에 규정되어진 보상이나 노동기준법에 의해 규정되어진 재해보상에 대해서는, 법률에 규정되어진 일정한 사실발생에 따른 행정청의 행위가 개입되지 않고 즉각 구체적인 권리가 발생한다고 해석되고 있다. 다만, 이러한 경우에도 인사원이 행하는 재해인정이나 노동기준감독서장이 행하는 심사가 필요한 경우도 있지만 이러한 재해인정 등은 항고소송의 대상이 되는 행정처분이 아니라(최고재판소판결 1957.10.30. 민사사고판례집 10권 10호 1324항 참조), 보상청구자는 민사소송 또는 공법상의 당사자소송에 의해 직접 권리를 주장할 수 있다고 되어 있다.(7)

또한, 의료보험급부에 대해서는 특히 행정청에 의한 결정을 개입시키지 않고 앞서 말한 바와 같이 피보험자가 의료기관에 피보험자증을 제시하여 직접 현물급부로써 요양급부를 받을 수 있다.(8) 의료보험에서 요양급부의 경우는 급부결정(의사의 진단)과 급부제공(진료행위)이 동시에 이루어진다는 것이 특징이다.

### 개호보험급부수급권의 발생시기

한편, 개호보험급부는 피보험자가 보험자인 시정촌이 행하는 요개호인정판정과 급부자격을 부여받아 개호서비스계획에 따라 개호보험서비스를 이용한 시점부터 수급권이 발생한다고 해석된

(7) 堀·전게주(6) p.226 참조, 더구나 宮崎·제1장주(19) p.357 이하, 유사한 지방공무원재해보상법에 의한 지급결정은 행정처분으로 되는 등의 입법이 통일되어 있지 않음을 비판하고 있음.

(8) 단지, 이송(移送)과 같이 보험자가 필요하다고 인정한 경우에 한해서 그 비용이 지급되는 것도 있으며(이송비 지급. 건강보험법 97조), 이 경우의 보험자의 승인은 「보험급부에 관한 처분」(건강보험법 189조)으로 되어 심사청구의 대상이 됨.

다. 이것은 개호보험의 급부내용이 개호보험서비스비용의 상환급부인 것에 기인한다. 다만, 요개호인정은 신청한 날부터 효력이 생기므로(개호보험법 27조 11항), 요개호인정이 이루어진 단계에서 보험급부에 대한 추상적 청구권을 취득하고, 개호보험계약에 근거하여 개호보험서비스를 이용하는 것으로 수급권이 발생한다고 해석된다.(9) 또한, 갹출에 의해 보험관계가 성립하기 때문에 피보험자는 요개호상태 등(보험사고)의 발생에 의해 추상적인 보험급부청구권을 취득하고 요개호인정은 보험자가 보험운영상 행하는 기술적 절차확인행위에 불과하여 형식적인 행정처분이라는 견해도 있다.(10)

그렇지만, 요개호인정에 의해 급부자격을 인정받는다고 하더라도(요개호자로 인정되더라도) 개호보험서비스를 실제로 이용하지 않으면 급부는 받을 수 없으며 수급권도 발생하지 않는다. 요개호자가 서비스를 이용하지 않는 경우에는 요개호인정에 의해 확인되어진 급부청구권을 포기했다고 해석되어져, 이러한 의미에서 요개호인정은 개호보험급부수급권의 성립에는 불가결하지만 그것을 구체적으로 확정하는 행정처분이라고는 보기 어려우며, 연금재정(裁定)등의 확인행위와도 성격이 다르다. 요개호인정에 의해 확정되는 것은 요개호상태에 해당하는 급부자격과 **지급한도액**의 형태로 나타나는 급부상한에 불과하고, 구체적인 급부수급권취득은 요개호인정 후 개호보험계약에 의거한 개호보험서비스이용이라는 요개호자의 행위를 필요로 한다(요개호자의 자

*지급한도액

요개호도에 따른 서비스 이용 상한급여액을 말함

(9) 堀·전게주(6) p.229 참조.

(10) 阿部和光「개호보장과 공적 개호보험」河野正輝＝菊地高志編『고령자법』(有斐閣, 1997年) p.289참조.

기 책임에 맡겨지고 있음).

2005년 3월말 현재, 요개호인정으로 급부자격을 받은 피보험자(이하, 「요개호인정자」라고 칭함) 약 406만 명 중에서 급부수급자는 약 323만 명이며, 요개호자의 20% 이상 인원수로는 80만 명 이상의 요개호자들이 개호보험서비스를 이용하지 않아 보험급부를 받지 않고 있다(제3장 1참조). 이러한 급부상황은 보험의료기관에 진찰을 받으러 온 피보험자의 거의 대부분이 요양급부를 수급하고 있는 의료보험과 비교하면 상당히 특이한 급부상황이라고 할 수 있다. 개호보험에서의 급부결정은 요개호인정이라는 행정처분이 필요하고, 서비스내용이나 종류의 결정은 요개호자에게 맡기며, 최종적인 급부제공은 개호보험계약에 근거하여 요개호자가 서비스를 이용한 시점에서 제공되고 있기 때문이다.(11)

### 수급권보장과 급부제한

개호보험급부수급권은 다른 사회보장급부의 수급권과 마찬가지로 양도나 담보 및 압류는 금지되어져 있으며(개호보험법 25조), 보험급부로써 지급받은 금품에 대해서는 조세 이외의 공과가 금지되는 등(개호보험법 26조), 수급권보호규정이 마련되어져 있다.

한편, 피보험자가 개호보험료를 체납하는 경우에는 급부제한이 이루어져 수급권이 제약되어진다. 구체적으로는 제1호 피보험자에 대해서는, ① 1년간 체납한 경우에는 보험급부의 상환지불화

(11) 이러한 개호보험의 급부구조는 종래의 조치결정이 맡고 있던 급부필요성의 결정과 급부내용의 결정이라는 두 가지의 기능을 분리하여 전자를 요개호인정이라는 신청형의 행정행위로, 후자를 계약관계로 변경했다고 말할 수 있다. 原田大樹「복지계약의 행정법학적 분석」『법정연구』69권4호(2003년) p.114참조.

(지불방법변경, 개호보험법 66조), ② 1년 6개월 체납한 경우에는 보험급부의 일시금지 혹은 일시금지하고 있는 보험급부액으로부터 체납보험료액의 공제(개호보험법 67조), ③ 2년간 체납한 경우에는 보험급부의 축소(90%에서 70%로)나 고액개호서비스비용의 미지급(보험료를 징수하는 권리가 소멸한 경우의 보험급부특례, 개호보험법 69조)의 조치가 취해지고 있다.

단, 피보험자가 원폭일반질병의료나 이외에 후생노동성령에서 정하는 공적비용부담의료를 받을 수 있는 경우에 ①의 상환지불은 하지 않는다(개호보험법 66조 1항, ②의 일시금지에 대해서는 규정이 없지만 같은 경우로 해석됨). 또한, 생활보호의 경계층에 해당되는 대상자들에게는 ③의 급부축소 등은 없다(공적비용부담의료수급자에는 행해진다). 더욱이, 보험료 체납에 대해「특별한 사정」이 있는 경우에는 상환지불 등의 급부제한은 행해지지 않지만, 이러한 경우는 재해 등 돌발적 사정에 의해 일시적으로 수입이 감소한 경우에 한하며, 상시적인 생활곤궁(저소득)의 경우는 포함되지 않다(시행령 30조, 31조). 다만, 앞서 말한 바와 같이 수급보호규정에 의해 수급권의 압류는 금지되어 있고 일반적으로 상쇄(相殺)도 금지 되어져 있지만(민법 510조), 개호보험법 67조 3항에 의해 민법의 법 효과는 해제되어진다고 해석되어지고 있다.(12)

제2호 피보험자는 의료보험료를 체납하는 경우에(개호보험료는 의료보험료와 함께 징수), 제1호 피보험자와 마찬가지로 급부제한이 행해진다(개호보험법 68조, 이상의 급부제한에 대해서는 그림 1 참조).

(12) 개호보험제도연구회『개호보험실무』(사회보장연구소, 2003年) p.202참조.

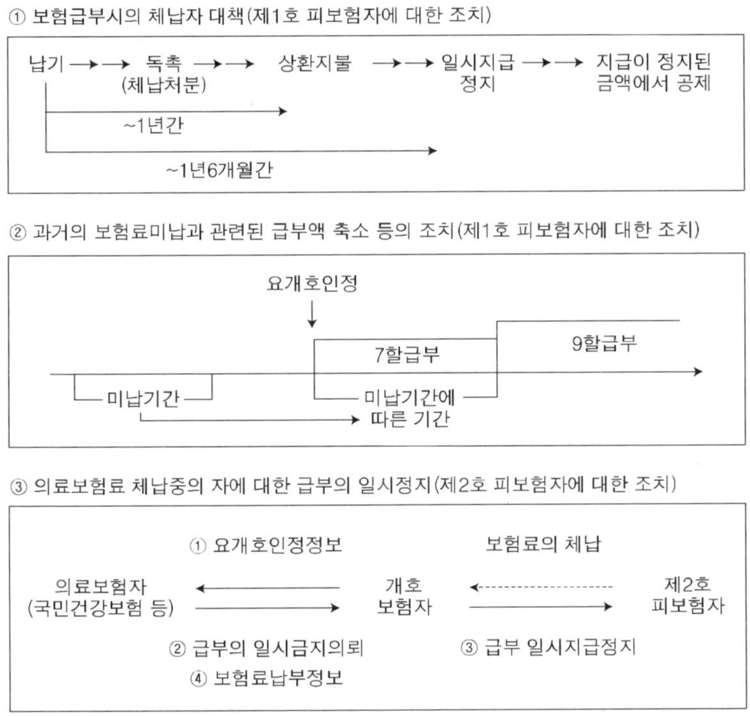


(출처) 개호보험제도연구·제2장 주(12) p.197

그림 1. 개호보험에서의 보험료체납자에 대한 급부제한

또한, 국민건강보험가입자에 대해서는 1년간 납부가 없는 경우 국민건강보험증의 반환이 의무적 조치로 되어져 있는 등 제제조치가 엄격하게 되어 있다(국민건강보험법 63조의 2).

이상과 같이, 개호보험법에서는 보험료 체납의 경우 급부제한이 엄격하게 되어 있으며, 개호보험급부수급권은 개호보험료의 납부와 밀접하게 연결되어져 있다. 그러나 개호나 의료와 같은 사회보장급부가 제한되는 것은 생활보장이라는 사회보장법 본래의 목적이나 취지에 위배되는 것이다. 게다가, 개호나 의료욕구가 높은 저소득자일수록 보험료를 부담할 수 없어 급부제한을 받을 가능성이 높다는 입장에서 보면, 보험료체납자에 대한 급부제한은 특히, 체납을 악질적으로 하는 경우를 제외하고는 최소한에 머물러야 할 것이다.

개호보험법에서 규정하는 보험료체납자에 대한 급부제한과 그것과 연동하는 형태로 강화되어진 국민건강보험료 체납자에 대한 급부제한은 보험료를 징수할 수 있는 권리가 소멸한 경우에도 급부제한의 대상으로 하고 있는 것, 급부제한이 해제되는 특별한 이유로 상시적 생활곤궁을 포함시키지 않는 등 최소한의 범위로 제한하고 있는지 의문이다.

## 03 개호보험법에 의한 개호보장의 문제

### 이용자부담에 의한 급부수급의 제약

이상과 같이, 개호보험법에 의한 요개호자의 개호보장은 첫째, 일정비율로 정해진 이용자부담제도도입으로 저소득자의 급부수급이 제약되어져 있다는 데에 문제가 있다.

앞서 말한 바와 같이, 개호보험급부는 서비스비용의 상환급부로 요개호자가 서비스를 이용한 경우에 그 비용의 90%가 지급된다. 급부자격이 있는 요개호자라 하더라도 10%의 이용자 부담이 곤란하여 서비스를 이용할 수 없는 경우는 급부를 받을 수 없다(급부수급권은 발생하지 않음).

실제, 지급한도액에 대한 거택서비스이용비율은 후생노동성 조사에서도 40%남짓에서 50%에 머물러 있다(그림 2).

개호보험법 하에서는 저소득의 요개호자가 개호보험서비스 이용에서 선별적으로 배제되고, 경제적 여유가 있는 고소득자일수록 많은 개호보험서비스를 이용할 수 있는 서비스이용의 계층화(또는 급부수급의 계층화)가 진행되고 있다고 해도 좋을 것이다. 필자 개인은 사회보험급부는 100%가 급부되어야한다고 생각한다. 보험료를 갹출해서 보험급부의 수급권을 가진 피보험자가 일부 본인부담 때문에 그 권리를 제약 받는 사태를 허용하는 규범적 근거는 적어도 현행 헌법상에는 존재하지 않기 때문이다(13)(의료보험의 일부 부담금도 포함해서 응익부담제도 도입의 논리 및 문제점에 대해서는 종장 2 참조).

또한, 이용자부담의 감면에 대해서는 개호보험법령에서는 재해 등의 돌발적인 사정에 의한 소득 감소·상실에 한정되어져 있고, 상시적인 저소득을 이유로 한 감면은 인정되지 않고 있다(개호보험법 50조, 60조).(14) 독자적으로 이용자의 부담경감을 실시하는 시정촌도 있지만 상시적인 저소득자에 대해서는 생활보호에 개호부조가 신설되어 기본적으로 생활보호법으로 대응하고 있다.

---

(13) 北野弘久「사회보장과 납세자기본권」 일본사회보장법학회편 『강좌사회보장법·제6권/사회보자업의 관련영역-확대와 발전』(法律文化社, 2001年) p.92 이하도, 헌법의 제 규정에서 실정헌법의 원칙으로써 응능부담원칙이 유출되었다고 함.

(14) 단지, 사회복지법인이 제공하는 재택·시설서비스는 시정촌에 신청하고 시정촌이 생계곤란이라고 인정한 저소득자에 대해 이용자부담이 5%로 경감되어지는 조성(助成)조치가 있다. 하지만, 이 조성조치도 법인의 판단에 의한 독자적인 감면제도로, 더구나 공적 조성이 낮아 법인부담이 무겁기 때문에 실시법인은 전체의 70%정도에 머물러 있다. 또한 사회보험법의 개정에 따른 해당감면제도의 개정이 실시되어지고 있다. 제4장 3참조.

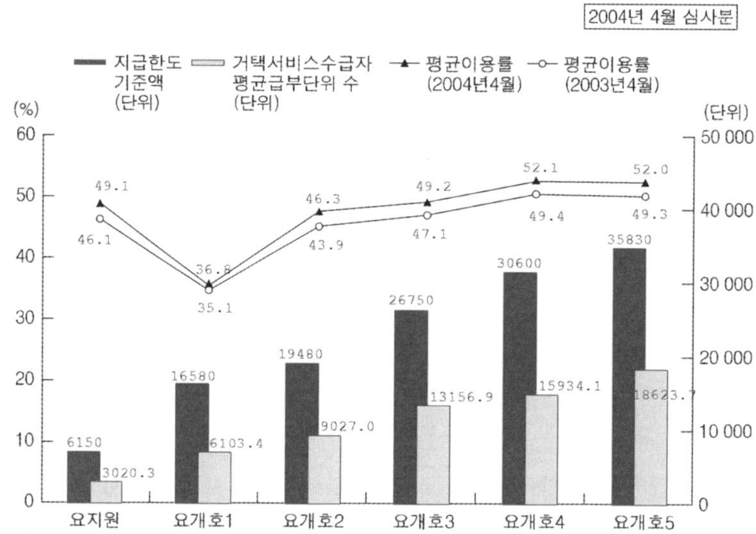


(주1) 거택서비스수급자 평균급부 단위 수는 (거택서비스 급부단위 수 / 수급자 수)이다.
(주2) 평균이용률은 (평균급부단위 수 / 지급한도기준액 × 100)이다.

(출처) 후생노동성자료, 일부수정

그림 2. 평균 거택서비스 급부단위 수/평균 이용률

*고액요양비

중병 등으로 병원에 장기 입원하거나 치료가 장기화되면 자기부담액이 높아지게 되는데 그때에 가계의 부담을 경감하도록 일정금액(자기부담한도액)을 초과한 부분이 상환되는 제도

또한, 의료보험의 **고액요양비**와 유사한 고액개호서비스비의 조항이 마련되어있어 본인부담액에 상환이 설정되어있다(개호보험법 51조, 61조 등). 그러나, 의료보험의 고액요양비와 달리 개호보험에서는 요개호도에 따라 상한금액이 설정되어있기 때문에 재택(재가)의 본인부담액의 최고가 「저소득자가 아닌 자」는 고액개호서비스비 기준금액(월 37,000엔)에 이르지 못하며(그림 3) 시설 입소 이외에는 대상이 되지 않는다.

(종전)

| 소득구분 | 세대의 상한액 |
| --- | --- |
| 저소득자가 아닌 자 (아래에 해당하지 않는 자) | 37,200엔/월 |
| 시정촌 주민세세대 비과세자 등 (※1) | 24,600엔/월 |
| 생활보호수급자 등 (※2) | 15,000엔/월 |

(검토 후 2005년10월~)

| 소득구분 | 세대의 상한액 |
| --- | --- |
| 이용자부담 제4단계 | 37,200엔/월 |
| 이용자부담 제3단계 | 24,600엔/월 |
| 이용자부담 제2단계 | 15,000엔/월 |
| 이용자부담 제1단계 | 15,000엔/월 |

※1. 「시정촌주민세세대비과세자 등」 이란, 본인 및 그 세대에 속한 자 모두가 시정촌 주민세가 비과세인 자 등을 말함.
※2. 「생활보호수급자 등」 이란, ① 생활보호수급자, ② 시정촌주민세대 비과세자로 노령복지연금 수급권을 가지는 자를 말함.

(출처) 후생노동성자료

**그림 3.** 고액개호서비스비의 수정

게다가, 고액개호서비스비의 지급은 본인부담상환액을 초과한 금액에 대해서 일단 먼저 지불하고 본인부담의 상환금액을 제외한 액수는 나중에 개호보험에서 환불되는 형태의 상환지불이지만, 선불로 지급할 수 있는 재력을 가지지 못한 저소득자의 서비스 이용억제를 방지할 수 있는 대책은 마련되어 있지 않다는 등의 문제가 있다.

결국, 이용자가 본인부담금지불이 곤란하여 서비스를 이용할 수 없는 상태에서 건강이 악화되어 「건강하고 문화적인 최저한도의 생활」이 침해되는 긴급한 경우에는, 부득이한 사유에로 개호보험서비스를 이용하는 것이 곤란한 경우에 해당되어, 시정촌에게는 노인복지법에 근거하여 재택서비스를 제공하거나 시설입소조치를 취하는 등의 의무가 발생한다(또는 노인복지법에 근거한 조치청구권이 발생)라고 해석된다.(15) 그리고, 이러한 조치가 신속하고 적절하게 이루어지지 않는 경우에는 헌법25조 위반이 발생한다고 생각한다.

### 서비스부족으로 인한 급부수급의 제약

둘째, 시설 등의 서비스부족으로 인해 급부수급이 제약된다는 점이 문제이다. 현행 개호보험법에서는 현금급부(개호수당)가 사실상 인정되지 않기 때문에, 서비스가 부족해 이용할 수 없는 경우 요개호자는 급부를 받을 수 없다. 개호보험법이 시행된 이후, 재택서비스부문에서는 지정기준의 규제완화 등으로 사업자(특히, 영리법인)가 다수 참여하여 서비스이용도 증가했지만, 시설부문은 부족한 상태가 이어져 특별양호노인홈의 입소대기자가 2004년 현재 후생노동성의 발표로는 전국적으로 34만 명이 넘는다고 한다.

서비스부족은 조치제도 하에서 현저했지만, 보험료를 갹출하고 있는 사회보험방식 하에서는 서비스부족으로 급부를 받을 수 없는 사태는 보험자의 급부의무위반을 발생시키는 중대한 문제이다. 조치제도 하에서도 보육서비스가 정비되지 않은 것을 이유로 시장에 대해 국가배상을 청구하는 소송이 제기되었던 예가 있었

(15) 前田雅子「생존권실현에 관련된 행정재량의 통제」『사회문제연구』46권2호(1997년) p.29는, 케이스의 긴급성에 의해서 생활보호법의 긴급보호에 나타난 헌법25조의 요청에 따라 노인복지법에 근거하여 긴급조치 그 이외의 대체적인 조치를 실시할 의무가 시정촌에 생긴다고 하고 있다. 또한, 相澤直子「기본적 인권과 개호보장에 관한 서론적 고찰」『九大法学』82호(2001년) p.22 이하는, 생존(생명의 유지) 그 자체에 대해서는 국가의 재량의 여지없이 절대적으로 보장되는 권리라고 생각할 필요가 있다고 함.

지만,(16) 개호보험법 하에서는 서비스부족을 이유로 보험급부를 받을 수 없는 것에 대해 요개호자가 보험자(시정촌)에게 손해배상 등의 책임을 물을 수 있는지가 문제가 된다.

그러나, 본장 1에서 보았듯이 보험자인 시정촌이 요개호자에 대해 책임을 지는 급부의무는 요개호자가 서비스를 이용한 후의 사후적인 서비스비용급부(상환)의무에 불과하며, 시정촌이 보험자라고 하더라도 서비스제공의 법적 책임은 없다. 충분한 민간서비스 등의 정비가 이루어지지 않은 경우 최종적으로는 헌법 25조 1항에 의거하여 지자체에 직접적으로 서비스제공의무를 부과시킬 수 있다는 견해도 있지만,(17) 생존에 관련하여 긴급한 경우에는 시정촌에 조치라는 형태로 서비스제공(현물급부)의무가 있다고 해석되는 경우를 제외하고, 일반적인 서비스 제공의무가 시정촌에 있다고는 말하기 어렵다. 그렇기 때문에 국가나 지자체가 서비스 부족상태를 방치하고 있어도 법적구제를 요구할 수 있는 수단이 없다. 예를 들어, 부작위(不作爲)의 위법확인소송(행정소송 3조 5항)으로 시정촌의 서비스 정비태만을 묻는 것은, 더구나 2004년 행정사건소송법개정으로 법정화된 의무부여소송(행정사건소송법 37조의 2)으로 시정촌에 대해 필요한 서비스정비를 의무화하는 것도, 현행법에서는 소송을 제기하는 그 자체가 상당히 어렵다고 생각되어진다.

---

(16) 재정상 가능함에 불구하고, 시장이 오랜 동안 0세 아기보육의 정원증가를 하지 않았던 것은 의무 태만으로 보호자가 시에 대해 국가배상을 청구한 예이지만, 재판소는 시에 정비확충을 도모하는 정치적 책임은 있지만 법률상 위법과 평가하는 만큼의 두드러진 태만이 있다고는 말할 수 없다고 판결했음(동경지방재판소판결, 1986.9.30. 판시 1218호p.93).

(17) 菊地·제1장주(26) 書 p.203참조.

결국, 국가나 지자체의 책임은 정치적 책임으로 선거 등의 정치적 수단으로 묻게 되는 것이다. 단, 시정촌의 개호보험사업계획에서 정한 서비스의 양(해당지역의 제1호 피보험자의 개호보험료 설정에 근거)조차도 확보되지 않은, 서비스가 부족한 상태에서 보험급부를 받지 못해 상태가 악화되었다는 등의 어떠한 손해가 발생한 경우, 요개호자가 시정촌에 손해배상책임을 묻는 형태로 간접적으로 서비스정비태만책임을 물을 수 있는 여지는 있다. 그러나, 이 경우에도 실제로 계획의 미달성과 개별적 손해가 인과관계가 있다고 증명하는 것은 곤란하기 때문에 인정될 가능성은 거의 희박하다.(18)

게다가, 시정촌이 제공하는 서비스의 양이 지급한도액을 밑돌아 서비스가 부족해서 급부를 받을 수 없는 경우에는 대체적인 금전급부로써 요개호인정에서 인정된 지급한도액과의 차액을 지급하는 「개호비」방식을 제창하는 견해도 있다.(19) 요개호자의 급부청구권을 공동화(空洞化)시키지 않는다는 의미에서 주목해야 할 제안이라고 볼 수 있지만, 요개호자가 지급한도액의 서비스(정확하게는 서비스비용)에 대해 수급권을 가지고 있는지에 대해서는 소극적으로 이해할 수밖에 없으며, 더욱이 급부비의 증대는 확실하기 때문에 같은 방식의 도입은 해석론적으로도 현실적인 정책으로써도 어렵다고 생각된다.

---

(18) 같은 지적으로 新田秀樹 『사회보장개혁의 시좌』(信山社, 1998年) p.256참조.
(19) 阿部·전게주(10) p.292 이하 참조.

### 서비스이용의 우선순위를 둘러 싼 문제

한편, 개호보험과 같은 계약제도 하에서의 서비스부족은 보험급부를 받을 수 없다는 문제 이외에도 서비스이용의 우선순위를 둘러싼 보다 심각한 문제가 초래되고 있다.

앞서 살펴본 바와 같이, 개호보험계약은 어디까지나 이용자(요개호자)와 개호사업자와의 사이에 체결된 것으로 다른 이용자와의 조절은 전제되어있지 않다. 처음부터 사법상의 계약원리에서 서비스이용의 우선순위 등의 조정방법을 이끌어 낼 수 없어,[20] 행정 등에 의한 조정을 필요로 하게 된 것이다.

그러나 개호보험법 하에서는, 시정촌이 조치와 같은 조정권한을 가질 수 없으며, 실제로 조정기능을 수행할 수 없기 때문에 개호보험시설의 입소순위결정 등은 각각의 시설에서 선착순 등의 기계적인 조정방법을 채택해 왔다.

그 결과, 종래의 조치제도 하에서는 행정책임과 권한으로 서비스를 제공할 수 있었던 긴급성이 높은 요개호자에게 필요한 서비스를 제공하지 못하는 사태가 발생하고 있다. 특히, 경제적 부담증가로 인해 서비스이용에서 배제되기 쉬운 저소득자나 중증의 요개호자는 자비로 헬퍼를 고용하는 등 다른 대체수단을 가지지 못하고, 또한 자원봉사 등의 사회자원도 조달할 수 없으며, 나아가 가족개호도 기대할 수 없는 경우에는 재택(재가)에서 줄타기와 같은 생활을 피할 수 없게 되어 비참한 상황에 빠지기 쉽다.[21]

(20) 같은 취지, 秋元美世 「복지서비스의 이용자와 복지의 권리」 일본사회보장법학회 편 『강좌사회보장법·제3권/사회복지서비스법』(法律文化社, 2001年) p.177참조.
(21) 구체적인 사례에 대해서는 伊藤周平 『개호보험과 사회복지』(ミネルヴァ書房, 2000年) p.107참조.

이와 같은 상황에서, 특히 대기자가 많은 특별양호노인홈에 대해서는 2002년 8월에 입소의 필요성이 높은 신청자부터 우선적으로 입소시킬 수 있도록 시설측에 노력의무를 부과하는 기준성령(省令)이 개정되었다(개호노인복지시설운영기준 7조 2항). 이에 입각하여 대부분의 도도부현에서는 입소자 선고에 관한 기준이 제시되어 각 시설에서는 그 기준에 의해 입소자를 선정하고 있다. 구체적으로는 도도부현에 따라 약간 다르기는 하지만, 요개호도, 세대상황, 재택서비스지급한도액에 대한 이용률 등의 기본적 평가를 점수화하고, 거기에 개호지원전문원 등이 관여하여 가족의 개호력, 경제적 이유로 재택서비스이용률이 낮은 사람에 대한 배려 등 개별적 평가를 실시하여 이를 근거로 입소선고위원회에서 입소순위를 조정하는 경우가 많다.(22)

이러한 방식의 도입에 대해서는, 예전의 조치제도비판론자로부터 입소여부를 전체 대기자 상황을 감안해서 시설측이 결정한다는 것은 조치제도 하에서의 입소결정과 아무런 차이가 없다는 비판이 제기되었다.(23) 결국, 사회보험방식이라는 형태의 계약제도로 전환했지만 서비스의 양이 부족한 현실에서 이용자의 선택권은 '그림의 떡'이나 다름없으며, 이전의 행정이 「조치」라는 형태로 실시했던 서비스이용의 우선순위결정 등의 조정이 불가피하게 된다는 사실이 명확해졌다.

어쨌든, 적어도 특별양호노인홈에 대한 신설·증설이 없는

(22) 新井康友「특별양호노인홈 입소선고지침에서 유효성은 찾아볼 수 없다」『ゆたかなくらし』255호(2003년) p.10참조.

(23) 江口隆裕「조치의 보험화, 보험의 조치화」『주간사회보장』2243호(2002년) p.23참조.

한, 설령 입소우선순위가 높다고 하더라도 빈자리가 나올 때까지 기다릴 수밖에 없는 것이 현실이며, 또한 앞에서 기술한 입소기준으로는 요개호도가 낮은 요개호자나 저소득자(본인의 소득상황이나 경제적 사유는 평가항목으로 되어 있지 않음)의 시설입소는 곤란해진다. 특히, 저소득자에 대해서는 제4장 3에서 보는 것과 같이 개정개호보험법에 의해 2005년 10월부터 시설입소자의 본인부담이 증가되어 시설(적어도 개인실)입소가 점점 어려워지고 있다.

### 한정적 급부수준과 급부내용

셋째, 개호보험의 급부수준과 급부내용이 한정되어있기 때문에 급부를 받더라도 특히 중증의 요개호자에게 충분한 개호보장이 이루어지고 있지 않다는 문제가 있다.

개호보험에서는 요개호도에 따라 보험급부의 지급한도액이 설정되어 있어 이를 초과하는 부분의 서비스이용은 전액 본인부담(100%부담)이므로 많은 서비스를 필요로 하는 중증의 요개호자일수록 보험혜택이 적용되는 서비스 이외에 필요한 서비스가 대량으로 발생하고 많은 금액을 본인부담하게 된다.

더욱이, **인지증**(치매)노인이나 가족의 부양능력이 저하된 **「노노(老老)개호」**세대 등은 재택개호의 어려움이 요개호인정에 반영되기 어려워 요개호도(지급한도액)가 개호욕구에 비해 낮게 책정되어 충분한 서비스를 이용할 수 없게 되는 경우가 많아지고 있다.

재택서비스의 지급한도액은 최중증의 「요개호5」가 월 약 36만 엔으로, 신체개호의 방문개호(홈헬프)서비스(1시간 미만에 약 4,000엔의 개호보수단가, 1단위=10엔으로 계산, 이하 동일)를 매

*인지증

후생노동성이 2004년 12월에 그동안 사용해 왔던 '치매'라는 용어 대신으로 변경한 용어

*노노개호세대

가정의 사정 등으로 고령자가 고령자의 개호를 하는 세대를 가리킴

일 3시간 이용하면 지급한도액을 거의 사용하게 되어(4,000엔×3시간×30일=36만 엔), 24시간 개호가 필요한 중증의 요개호자가 가족개호자 등에 의존하지 않고 재택에서 지내는 것은 불가능해진다. 이러한 급부수준은 가족 등의 개호자의 존재를 전제로 하고 있어, 보험급부의 내용·수준은 요개호자가「가능한 그의 집에서 그가 가지고 있는 능력에 따라 자립한 일상생활을 영위할 수 있도록 배려하지 않으면 안된다」라고 하는 개호보험법 2조 4항의 규정에 반하게 된다.

실제로 급부수준을 보면, 이용자부담 등으로 지급한도액만큼의 서비스를 전부 이용하고 있는 요개호자는 거의 없다.(24) 이는 재택의 가족개호자의 부담이 경감되지 않았다는 것을 의미하며 시설에 대한 선호를 높이는 원인의 하나라고 생각된다. 실제로 시설의 경우에는 가족개호자의 부담이나 지급한도액을 초과하더라도 경제적 부담도 없으며 24시간체제로 필요한 개호가 보장되기 때문이다.

또한 개호보험의 급부내용을 보면, 홈헬프서비스는 한정적인 가사원조와 신체개호로 그 범위가 좁게 설정되어 있어 인지증(치매)노인이나 지적장애인 등과 같이 세세한 지원이 필요한 요개호자(이러한 사람들은 요개호인정에서「자립」으로 인정되어 요개호

(24) 倉田聡「지원비지급제도를 둘러싼 법률문제」『ジュリスト』1204호(2001년) p.21 이하는, 요개호인정에 의해 개호서비스의 비용이 법적으로 확정되고, 시설이 부족한 경우에도 개호서비스 비용의 수급권만은 확보되어진다고 설명하고 있지만, 적어도 재택서비스의 경우는 요개호인정에 의해 지급한도액의 상한 금액까지 서비스비용의 수급권이 확정되어진다고 말하기 어렵다. 개호보험급부는 서비스비용의 상환급부이며, 지급한도액에 이르지 않아도, 어디까지나 이용한 만큼의 서비스비용에 대해 상환급부의 수급권이 확보되는 것에 불과하기 때문임(잔여부분에 대해서는 급부청구권을 포기하고 수급권이 발생하지 않는다고 해석되어지고 있음).

자로조차 인정되지 않는 경우도 많음)는 개호보험의 한정적 급부만으로는 충분한 생활보장이 곤란하다. 개호보험급부가 한정적인 개호보장에 머물러 있는 것은 요개호인정의 기준이 피보험자의 생활상황을 고려하지 않고 심신의 상황에 특화되어 있기 때문이다.

하지만, 이 점에 대해서는 요개호인정의 객관성 확보라는 관점에서 높게 평가하는 견해도 많다.(25) 가족개호자가 존재한다는 이유로 개호보험서비스이용을 제한하는 것은 용납될 수 없지만, 개호보험급부수준이 가족 등의 개호자의 존재를 전제로 하고 있음에도 요개호인정에서 가족의 부양능력을 고려하지 않는 것은 모순이다. 결론적으로 개호자가 없는 중증의 요개호자는 개호보험급부수준으로 재택생활은 불가능하며, 이들의 생존권보장은 최종적으로는 시설입소라는 형태로밖에 실현될 수 없기 때문이다. 재택생활을 희망한다 하더라도, 이러한 이유로 시설입소를 할 수밖에 없는 현실은 강제적인 자기결정이라 볼 수 있으며, 선택권과 자기결정권은 공동화(空洞化)하고 있다고 말할 수 있다.

### 급부상한 이상의 급부의 필요성

개호보험법은 급부에 상한(지급한도액)을 설정하고 한정적인 개호보장밖에 실시하지 않는 구조라고 말할 수 있다.(26) 처음부터 정부가 제시한 지급한도액은 재택의 경우는, 학자들이 고안한 서비스패키지 중에서 서비스횟수에 각각의 단가를 곱해 설정되어졌으며 시설의 경우는, 개호보험으로 이행하기 전의 각각의 진료

(25) 西村健一郎『사회보장법』(有斐閣, 2003年) p.296 등을 참조.
(26) 같은 지적으로, 田中明彦「다까소송 고등재판소판결과 이 소송이 의미하는 것」『임금과 사회보장』1268호(2006년) p.67참조.

보수단가나 조치비를 기초로 설정된(그렇기 때문에 시설의 지급한도액은 급부상한이 아니라, 해당 요개호자에 대해 각 시설로 지급되는 개호보수총액을 의미) 정책적인 결정이었다.(27)

재택급부수준이 가족 등의 개호자의 존재를 전제로 한 수준으로 되어 있는 것도 개호보험급부비억제라는 정책적 의도가 숨겨져 있다. 개호보험의 지급한도액(급부상한)은 각각의 요개호자들의 개별사유를 고려하지 않고 정책적으로 결정된 기준이라고 말할 수 있으며, 그렇기 때문에 당연한 것이지만 급부상한을 초과하는 개호욕구를 가진 요개호자의 개호보장에 문제가 생기게 된다.

개호보험법상에서 시정촌은 조례에 의해 정부기준의 지급한도액 이상의 기준을 설정할 수 있지만(개호보험법 43조 3항), 그렇게 하기 위해서는 제1호 피보험자의 보험료를 인상할 수밖에 없기 때문에 실제로 실시하고 있는 시정촌은 적다(처음부터 지급한도액 전부를 이용하는 요개호자는 적음). 또한, 개호보험서비스 이외에 대해서는 시정촌이 시정촌특별급부 등의 형태로 지급할 수 있지만(송영서비스나 배식서비스 등), 이 경우에도 재원이 제1호 피보험자의 보험료에 한정되어 있기 때문에 실시하는 시정촌은 얼마 되지 않는다. 이와 같이 개호보험법에서는 정부가 정한 기준이상으로 시정촌이 지급한도액을 설정하고 서비스급부를 제공할 수 있지만, 실질적으로 이러한 서비스제공이나 급부는 거의 활용되고 있지 않다(재정적 이유로 거의 활용할 수 없음).

---

(27) 池上直己「사회보험개혁안과 앞으로의 전망」『사회보험순보』2240호(2005년) p.18참조.

그렇다면, 개호보험의 급부 상한을 초과하는 개호욕구를 가진 요개호자는 필요한 개호보장을 개호서비스라는 현물급부, 또는 서비스 비용이라고 하는 현금 급부의 형태로, 헌법 25조에 의거하여 국가·지자체에 청구하는 것이 가능할 것인가. 예를 들면, 생활보호기준에서는 생활보호법의 필요즉응의 원칙(동법 9조)을 근거로 해서 탄력적 운영을 도모하고 급부금액심사에 요보호자의 청구급부액과 행정판정 자료를 대조하는 등의 당사자소송방법을 주장하는 견해도 있다.(28) 또한, 독일의 사회부조법에서의 「규준」과 동일한 성격과 기능을 생활보호기준에 대해서도 승인하면 요보호자가 보호기준으로 실제생활을 유지할 수 없는 경우 그것을 입증하면 보호기준 이상의 보호급부를 청구할 수 있다는 견해도 있다.(29)

이러한 논의를 참고한다면, 적어도 객관적으로 시설입소의 가능성이 없고 개호보험의 지급한도액내의 보험급부로는 재택에서의 「건강하고 문화적인 최저한도의 생활」을 영위할 수 없음을 요개호자가 입증할 경우에는, 개호보험의 급부상한 이상의 급부를 헌법25조 또는 헌법25조를 구체화한 생활보호법이나 노인복지법을 근거로 국가·지자체에 청구할 수 있는 여지는 있다.(30) 특별양호노인홈의 부족과 입소대기자의 급증이라는 현실 속에서 해당

---

(28) 下村瑛二 「서비스행정에서의 권리와 결정」 雄川一郎編 『공법이론(중)』(有斐閣, 1976年) p.660 이하 참조.

(29) 又坂常人 「사회보장수급권과 행정재량의 관계에 대한 약간의 고찰(三·完)」 『자치연구』 58권 12호(1982년) p.141 이하 참조.

(30) 노인복지법에서도, 생활보호법 3조와 같이 헌법25조의 취지를 구체화한 문언을 가지고 있는 것은 아니지만, 그 취지로부터 헌법25조의 이념을 구체화한 법률이라고 해석되어진다. 같은 해석으로써, 渡邊みのぶ 「노인복지법상의 조치에서 행정재량의 헌법 25조 1항의 적용가능성」 법정정책연구회편 『법정책학의 시도/법정책연구(제6집)』(信山社, 2003年) p.221 이하 참조.

지역에 시설입소의 가능성이 없다는 것을 증명하는 것은 그렇게 어려운 것만은 아닐 것이다. 그리고, 요개호자의 선택권보장이라는 의미에서도 이 요건은 엄밀하게 해석하지 않는 것이 좋을 것이다. 또한 개호보수단가에 근거한다면, 해당 요개호자가「건강하고 문화적인 최저한도의 생활」을 영위하기 위해 필요한 개호욕구를 금전적으로 확정하는 것도 가능하다고 생각된다. 단지, 어느 쪽이든 개호보험법에 의한 개호보장에 한계가 있는 이상 다른 법이나 제도에 의한 급부의 보완과 개호보장시스템이 필요하다.

## 04 생활보호법과 노인복지법에 의한 개호보장

### 생활보호법에 의한 개호보장

개호보험법 이외의 개호보장법제도로써 우선 들 수 있는 것이 헌법 25조의 이념에 근거하고 요개호자도 포함된「생활이 곤궁한 모든 국민에 대해」,「그 최저한도의 생활을 보장한다」는 것을 목적으로 하는 생활보호법이다(생활보호법 1조).

*개호부조

개호 또는 지원이 필요한 피보호자에게 원칙적으로 개호보험의 급부대상이 되는 개호서비스와 같은 것을 개호서비스와 용구의 대여 등 직접적인 행위나 물건 즉 현물서비스로 제공하는 것을 의미

먼저, 개호보험법시행에 따라 생활보호법이 개정되어 **개호부조**가 새롭게 마련되었다(생활보호법 11조 1항 5호). 이 개호부조는 의료부조와 마찬가지로 개호권(券)을 발행하는 현물급부방식으로 행해지고, 재택개호 및 시설개호는 지정개호기관(개호부조를 위해 재택개호, 재택개호지원계획작성 또는 시설개호를 담당하는 기관으로 후생노동성대신의 지정을 받은 기관, 생활보호법 54조의 2)에

위탁하여 행한다고 규정되어 있다(생활보호법 34조의 2).(31)

그러나, 개호부조로써 대응할 수 있는 것은 개호보험의 급부 범위에 한정되며, 재택의 경우에 지급한도액을 초과한 부분은 책임지지 않는다. 단, 최저생활을 유지하기 위해서 필요한 개호욕구가 지급한도액을 초과하는 요보호자의 경우는 후생노동대신이 설정하는 개호부조특별기준에 의해 지급한도액을 초과하는 서비스 제공을 개호부조(현물급부)로 실시할 여지는 있다.(32) 또한, 생활부조에 가산되어지는 장애인가산1종인 타인개호비(현금급부)를 사용해서 지급한도액을 초과하는 필요한 서비스를 구입하는 것도 생각할 수 있다. 타인개호비는 일정 정도 이상의 장애가 있는 피보호자가 세대원 이외에 개호자가 필요한 경우에 일정의 기준금액의 범위 내에서 그 비용이 지급되지만, 특별한 사정이 있는 경우에는 후생노동대신이 그 이상의 금액을 특별기준으로 개별적으로 설정할 수도 있다.

하지만, 개호부조의 수급에는 생활보호수급이 전제로 되어 있어 개호부조 대상이 되는 서비스도 개호보험과 같은 종류의 서비스에 한정되어 있다.(33) 또한, 타인개호비도 실무적으로는 후생

(31) 이것에 의해, 의료보험 미가입으로 개호보험의 제2호 피보험자로 되지 않는 40세에서 64세까지의 피보호자에 대해서도 개호보험과 동일한 서비스가 개호부조로서 급부되며, 65세 이상의 요개호자인 피보호자의 경우는 이용자부담분이 개호부조의 대상이 됨.

(32) 같은 취지, 小林厚介 「생활보호는 개호보험에 도전한다」尾藤広喜ほか編著 『생활보호법의 도전』(高菅出版, 2000年) p.27 이하 참조.

(33) 이 점에서, 의료보험급부가 대상범위가 넓고 원칙으로 하는 지급한도액과 같은 급부의 상한이 없기 때문에 의료부조가 필요한 의료서비스를 거의 커버할 수 있는 것과 대조적이다. 의료급부수준에 대해서는 최적보장이 요구되고 있다라는 논의도 있다. 堀勝洋「개호의 최저보장」『월간개호보험』66호(2001년) p.24 참조.

노동대신이 미리 특별기준의 상한금액을 설정하여 그 범위 내에서 도도부현지사 등이 인정·지급하게 되어 있으나, 지급액이 낮고 (2001년도 특별기준, 월 108,300엔 이내, 후생노동대신이 그것을 초과하는 특별기준을 설정하는 경우라도 낮은 금액의 급부밖에 인정되지 않음), 급부절차도 복잡하여 이용하기 어렵다.

이 타인개호비특별기준이 중증장애인의 원고에게 필요한 개호를 보장하는 데 충분하지 않다고 대항한 것이 다까소송이다. 이 소송의 공소심판결(나고야고등법원재판 카나자와(金沢)지부판결, 2000.12.9 賃社 1285호 64항)에서, 타인개호비특별기준 설정에 대해서 후생대신(당시)의 재량(裁量)을 인정한 다음, 수용(시설)보호가 가능하다는 것에서 특별기준의 수준이나 상한금액 설정을 위법이라고까지는 말할 수 없다고 판결하였다.(34)

여기에서 문제가 되는 것은 피보호자가 재택보호를 희망하는 경우, 수용보호가능성을 근거로 타인개호비의 낮은 수준을 정당화할 수 있는가 하는 것인데, 이 판결에서는 피보호자 본인의 의사는 최대한 존중되어야 한다고 하면서도 재정상의 이유(원고 다까 씨의 경우, 최소한 월 70만 엔의 개호비용을 필요로 함)와 광범위한 행정재량을 이유로 이것을 용인하였다. 그러나, 생활보호법은 재택보호를 원칙으로 하고 있어(생활보호법 30조 1항), 재택보호를 요구한 요보호자에 대해, 주거를 가지고 있지 않는 자는 재택보호를 할 수 없기 때문에 수용보호결정을 한 행정처분에 대해 위법으로

(34) 다까소송 제1심판결에 대해서는 木下秀雄「다까소송·카나자와 지방재판소판결에 대해서」『임금과 사회보장』1256호(1999년) p.9 이하, 岡村世里奈「사회보장법 판례」『계간사회보장 연구』36권 2호(2000년) p.279 이하를 참조, 또한 공소심판결에 대해서는 田中·전게주(26) p.58 이하 참조.

취소된 판결도 있었다(오사카지방재판소판결2002.3.22. 賃社 1321호 10항). 이 판결에서 보듯이, 보호의 내용은 요보호자의 요망, 재택보호를 실시하는 경우에는 주택의 확보가능성 등의 요소를 종합적으로 고려하여 결정해야 하며, 피보호자가 재택보호를 희망하는 경우에는 그것이 많은 개호비용을 필요로 한다는 재정상의 이유만으로 시설보호를 강요하는 결정은 위법이 될 여지가 있다.

학설에서는 생활보호가 최저한도의 개호서비스를 보장하고 개호보장의 최후의 법적 근거가 되어야 한다는 견해[35]와, 최저생활보장으로써의 개호보장은 각각의 사회복지관련법으로 보장하고 생활보호는 소득보장만을 해야 한다는 견해[36]도 있지만, 생활보호를 개호보장의 최후의 법적근거로 하기 위해서는 개호부조범위확대, 개호부조특별기준이나 타인개호비가산의 확충, 절차의 간략화 등 해결해야 할 과제가 많다.[37] 무엇보다도 생활보호 그 자체가 수급요건이 엄격하고 신청이나 수급에 낙인이 동반되며 실제로 생활보호가 필요한 모든 사람이 수급을 다 받을 없는 것이 현실이기 때문에, 지급요건을 완화하거나 운영을 개선해야 하는 등의 과제는 아직 남아 있다.

(35) 前田·전게주(21) p.23 이하 참조.
(36) 岡村·전게주(34) p.285 및 堀·전게주(33) p.24 이하 참조.
(37) 原田啓一郎「장애인의 최저생활보장과 개호보장」『九大法学』78호(1999년) p.380도, 현행 생활보호법은 최저한도의 생활을 영위하기 위한 서비스를 확보하는 법적인 기반이 되지 못한다고 한다. 또한 생활보호제도개혁에 의해 각종 가산이 축소(모자 가산)나 폐지(노령가산)로 향하고 있으며, 장애인가산의 타인개호비도 앞으로 장애인복지가 개호보험으로 통합될 경우에는 폐지될 가능성이 높음(제 5장 3참조).

### 노인복지법의 조치에 의한 개호보장

노인복지법에는「복지조치」라는 개호를 보장할 수 있는 법적 조항이 있다. 개호보험법시행에 따른 법령개정에 의해 노인복지법상의「복지조치」는 남아있지만, 그것이 적용되는 범위는 65세 이상으로 신체상 또는 정신상의 장애가 있어 일상생활이나 재택생활이 곤란한 고령자가 부득이 한 사유에 의해 개호보험서비스를 이용하는 것이 현저하게 곤란한 경우로 제한되고 있다(노인복지법 10조의4, 11조 참조).

후생노동성은 이「부득이 한 사유」를, ① 본인이 가족 등에게 학대·무시를 받고 있는 경우, ② 인지증(치매) 등의 이유로 판단능력이 부족하고 동시에 본인을 대리할 가족 등이 없는 경우로 한정적으로 해석하고, 이러한 경우에는 특별양호노인홈 등에 입소함으로써 가족 등의 학대·무시 상황에서 벗어나도록 하고, 또는 **성년후견인제도**를 통해 본인을 대리할 보조인 등을 활용하도록 하여 이용계약 등이 가능하게 된 시점에서 조치가 해지되고 통상적인 계약에 의해 개호보험서비스이용으로 이행한다고 하고 있다.(38)

*성년후견인제도

판단능력이 불충분한 성인을 보호하기 위해, 본인의 행위능력을 제한하거나 본인을 위해 법률행위를 하거나 또는 본인의 법률행위를 돕는 자를 선임하는 제도

그러나, 노인복지법의 규정을 글자 그대로 해석하면,「부득이 한 사유」를 후생노동성의 해석과 같이 한정할 필요는 없으며,「신체상 또는 정신상의 장애가 있기 때문에 일상생활을 영위하는데 지장이 있는」고령자가 이용자부담을 할 수 없어 서비스이용이 불가능하다면 이는「부득이한 사유」로 개호보험서비스를 이용하는 것이 현저하게 곤란한 경우에 해당하기 때문에 조치에 의해 급부

(38)『개호보험제도의 해설, 1993년도판』(사회보험연구소, 2003年) pp.82-83.

가 가능하다고 생각된다.(39) 특히, 특별양호노인홈에 입소하는 경우에는 시정촌이 조치를 취해야 한다고 규정되어(노인복지법 11조 1항), 해당요건에 해당하는 경우에는 조치의무가 시정촌에 발생한다고 해석되어진다.

또한, 본장 3에서와 같이 개호보험의 지급한도액(급부상한) 이상의 급부가 필요한 경우에도 개호서비스제공이라는 현물급부의 형태로「복지조치」에 의한 급부의 여지가 있다.(40) 이미 홈헬프(방문개호)서비스에 관해서는 보다 많은 서비스가 필요하다고 인정되는 전신장애인에게는 사회생활의 계속성을 확보하는 관점에서 개호보험으로 대응할 수 없는 부분은 계속해서 장애인시책으로 필요한 서비스를 제공할 수 있다고 되어져 있으며(「개호보험제도와 장애인시책과의 적용관계 등에 대해서」 2000.3.24. 통지), 실제로 지급한도액 이상의 서비스 제공이 이루어지고 있다. 다만, 이 경우 시정촌은 개호사업자에게 조치비를 지불하고 조치대상자(또는 부양의무자)로부터 그 부담능력에 따른 비용을 징수하는 응능부담을 원칙으로 하고 있다(노인복지법 28조).(41)

(39) 같은 취지, 今村雅夫「사회복지기초구조개혁 하에서의 복지사무소·시정촌의 역할을 묻는다」『종합사회복지연구』 18호(2001년) p.62 이하 참조.

(40) 행정청이 어디까지 급부할 의무가 있는지에 대해서의「급부상한」이 현행 행정사건소송법으로 어떻게 대항할 수 있는 가에 대해 고찰한 것으로, 渡邊みのぶ「노인복지법상의 이익처분에서의 소송이익의 재구성」 법정책연구회편『정보공개제도/법정책연구 [제7집]』(信山社, 2005年) p.71 이하 참조.

(41) 이 경우도, 조치대상자가 개호보험의 피보험자자격이 있고 요개호인정을 받아, 개호보험의 급부를 받을 수 있는 경우에는 90%가 개호보험으로부터 급부되고, 급부가 실시되지 않는 부분(이용자 부담상담액)이 조치비 지불의 대상이 된다(노인복지법 21조, 21조의2). 또한 장애인시책에 의해 지급한도액을 초과하여 서비스를 받은 경우에는 개호보험의 급부부분이 원칙 10%부담이 되고, 장애인시책에 의한 부분이 응능부담으로 된다(본문중의 전게 2000년.3.24 통지참조). 그러나 2006년 4월부터, 장애인복지서비스도 10%의 응익부담이 되기 때문에(제5장 2참조), 이 부분도 응익부담으로 변경되어진다고 생각됨.

그리고, 앞에서 말한 바와 같이 충분한 개호보장이 이루어지지 않아「건강하고 문화적인 최저한도의 생활」이 침해될 긴급한 경우에는 시정촌에 노인복지법에 입각한 특별양호노인홈입소 등의 조치의무가 발생한다고 본다. 또한, 성년후견제도 등의 이용이 필요한 경우에는 그것을 철저하게 하는 것과 동시에 서비스가 중단되지 않고 이러한 제도로 연결될 수 있도록 복지조치가 적극적으로 활용될 필요가 있다. 복지조치의 확충은 판단능력이 불충분한 요개호자나 학대를 받고 있는 요개호자의 권리옹호장치로써 큰 의미를 가진다.(42)

그러나 현실적으로는, 후생노동성의 한정적인 해석을 이유로 개호보험법실시 이후 노인복지법에 의한 조치 사례는 적고, 또한 개호보험법이 실시되어진 2000년도부터는 조치에 대한 예산배정을 실시하지 않은 시정촌도 많다. 무엇보다도 고령자를 담당하는 지자체의 사회복지사가 급격하게 줄어 시정촌의 복지기능을 크게 저하시키고 있다. 이와 같은 상태에서는 노인복지법에 의한 개호보장이 충분하다고 말할 수 없다.

### 개호보험급부수급권의 내실과 개호보장

지금까지 살펴본 것을 정리하면, 개호보험법에 의거한 개호보험급부수급권의 내실은 보험료부담(갹출)을 전제로 한 급부수급권이고(개호보험료의 체납자에 대해서는 본장 2에서 본 것과 같이 급부제한이 이루어짐), 요개호인정에 의해 급부자격을 인정받

(42) 이 점에 대해서는, 伊藤周平『개혁제언개호보험－고령자·장애인의 권리옹호를 위해』(青木書店, 2004年) p.222 참조.

아 요개호자가 개호서비스계획과 개호보험계약에 의거하여 이용한 개호보험서비스의 비용상환급부수급권이며, 게다가 지급한도액의 범위 내의 한정적인 서비스비용의 수급권으로 매우 한정적인 개호보장권리라고 말할 수 있다.

개호보험급부수급권은 서비스비용의 상환급부수급권이기 때문에, ① 요개호자인정신청과 급부자격인정, ② 개호서비스계획작성, ③ 개호사업장과의 개호보험계약 체결, ④ ② 및 ③에 의거한 개호보험서비스이용이라는 과정을 거쳐 마침내 현실화된다. 그러나 와상노인 혹은 판단능력이 낮은 고령자 등은, ①의 요개호인정신청, ②의 개호서비스 계획작성, ③의 개호보험계약에서도 어떠한 형태로든지 지원이 필요하다.

이에 대응하기 위해, ①에 대해서는 재택개호지원사업자 등에 의한 신청대행(개호보험법 27조 1항), ②에 대해서는 재택개호지원사업자(구체적으로는 개호지원전문원)에 의한 개호서비스계획작성비의 보험급부화(개호보험법 46조1항·2항, 이 경우 이용자부담은 없이 100%급부), ③에 대해서는 각 운영기준에 의해 개호사업자의 정보제공·설명의무의 명확화 등의 제도를 마련하였지만, 이러한 지원제도나 성년후견제도 등의 **권리옹호제도** 역시 아직 충분하다고는 말하기 어렵다.(43) 나아가, 요개호인정에서 급부자격을 인정받지 못한 경우(요개호자로 될 수 없는 경우)나, 요개호자라고 해도 이용자부담이 곤란하여 서비스를 이용할 없는 경우에는 급부수급권은 발생하지 않는다.

*권리옹호제도

특정의 서비스를 이용함에 있어 이용자의 불이익이 없도록 변호 또는 옹호하는 제도의 총칭

(43) 성년후견제도 등 요개호자의 권리옹호문제에 대해서는 伊藤·전게주(42) 제6장 참조.

또한, 가령 이러한 요건을 통과하여 개호보험급부수급권이 현실화된다고 해도, 현행 개호보험의 한정적인 급부수준과 급부내용으로는 특히, 중증의 요개호자의 경우 필요한 개호보장이 이루어지지 않고 있다. 또한, 생활보호의 개호부조나 노인복지법의 조치 등의 보완적 조치로는 불충분하며, 독거 혹은 중증 요개호자의 생존권보장은 시설입소라는 형태로 밖에 실현되지 않는다. 그러나, 이러한 시설조차도 특별양호노인홈의 경우 만성적인 부족상태에 있다(서비스부족에 의해 급부를 받을 수 없음).

어쨌든, 개호보험급부수급권의 내실은 개호서비스를 구입하는 권리 즉, 보험료부담이나 이용자부담의 대가(보험료체납의 경우에는 엄격한 급부제한이 있음) 로서의 권리이며 상품적 권리에 가깝다. 개호보험법과의 관계는 보험료 지불에 의해 수급권이 성립하는 사법과 유사한 관계라고도 말할 수 있다.(44)

최근에는, 일본에서도 사회보장급부의 체계적 정리라는 관점에서 소득에 따른 응능부담의 형태로 소득보장(저소득자의 보호)과 서비스보장이 하나가 되는 종래의 조치제도의 복지급부를 서비스급부만으로 하고 일정한 비율의 부담을 하는 응익부담으로 하는 반면, 소득보장에 대해서는 생활보호나 공적 연금 등이 소득보장제도로 대응해야 한다는 사고방식이 점점 확대되고 있다. 개호보험법에서도 개호욕구는 개호보험급부로 대응하고, 그 이외의 기본적인 생활욕구에 관해서는 공적 연금 등의 소득보장제도에 맡기는 것이 바람직하다는 의견도 있다.(45)

---

(44) 같은 지적으로써 渡邊·전게주(30) p.222 이하 참조.
(45) 倉田·전게주(24) p.23 참조.

그러나, 요개호자의 개호보장은 충실한 개호보험서비스의 제공뿐만 아니라 상담원조나 생활지원 등의 종합적인 지원체계가 확립되었을 때 처음으로 가능하게 되는 것이며(시설서비스가 지급한도액에 얽매이지 않고, 어느 정도 종합적인 생활지원서비스로 제공되고 있는 것이 시설에 대한 선호도를 높이고 있는 하나의 원인이라고 생각함), 게다가 연금 등의 소득보장의 급부수준이 불충분한 현실에서 이와 같은 논의는 요개호자의 불충분한 개호보장현실을 인정하게 되는 것이 문제이다(당초에는 개호보험급부조차 개호욕구에 충분히 대응할 수 없었음)

## 05 남겨진 과제-맺음말을 대신해서

### 입법적 과제

이상의 고찰에 입각한다면, 요개호자의 개호보장 나아가 생존권보장의 관점에서는 다음과 같은 개호보험법령의 개정이 과제로 될 것이다.

첫째, 경제적 이유에 의한 급부수급제약을 없애기 위해서는 10%의 이용자부담을 폐지하고 100%급부를 원칙으로 하는 법개정이 필요하다(독일의 개호보험에서는 이용자부담은 없고 100% 급부가 원칙). 이것은 지금 당장에는 곤란하더라도 우선적으로 저소득자에게는 감면제도를 확충할 필요가 있다. 또한 제1호 피보험자의 보험료는 보험료율을 법으로 정한 뒤 일정비율의 보험료로 해야 한다(독일의 개호보험에서는 보험료율 1.7%임).

둘째, 서비스부족 특히 시설부족으로 인한 급부수급제약을 없애기 위해서는 국가나 지자체의 개호보험서비스정비책임을 개호보험법에 명시하고, 특별양호노인홈 등의 개호보험시설정비를 계획적으로 진행해 갈 필요가 있다. 후생노동성은 개호보험시설인 3개의 시설과 재택관련서비스(개호서비스가 제공되는 유료노인홈, 인지증노인그룹 홈)에의 입소자를 앞으로 10%정도 줄이는 것 등을 개호보험시설정비계획에 포함시키고 있지만,(46) 이러한 억제정책이 아니라 선진국의 경험으로부터 적어도 고령자인구의 5%정도가 입소 가능하도록 개호보험시설을 정비해가야 한다고 생각한다. 또한, 시설 입소자의 부담경감을 도모하고 저소득자라도 1인실 입소가 가능하도록 공적 비용을 보조하는 제도를 마련할 필요가 있다(제4장 3참조).

셋째, 요개호자에게 필요한 개호를 보장하기 위해서는 현행의 요개호인정을 폐지하고 대략적인 서비스제공기준을 법으로 규정한 뒤, 개호지원전문원이 고령자나 장애인의 상태와 생활환경을 고려하여 서비스계획을 작성하고 이에 따른 서비스 이용에 대해서는 상한 없이 전부 급부대상으로 하는 방식으로 전환해야 한다. 이렇게 되면, 요개호인정을 위한 막대한 사업비(국가와 지자체를 합쳐서 연간 약 600억 엔이 사용)도 필요하지 않게 된다. 단, 이 방식의 도입에 전제가 되는 것은 개호사업자는 비영리를 원칙으로 하고, 재택개호지원의 개호보수를 대폭 끌어올리고(제4장의 4 참조), 개호지원전문원을 사업자로부터 독립시키고 처우 개선과

(46) 이 문제에 대해서는 朝日健二「개호보험 최근동향③/시정촌사업계획의 책정」『ゆたかなくらし』280호(2005년) p.61 이하 참조, 또는 제4장 3 참조.

동시에 전문성을 높여 갈 필요가 있다.

### 이론적 과제

이론적 과제로써는 개호보험급부자격을 가진 요개호자에 대해 개개인의「최저한도 의생활」수준을 명확하게 하는(다까)소송의 심리(審理)과정에서 이루어졌던 것처럼) 실태분석을 지속적으로 실시하여 요개호자의「건강하고 문화적인 최저한도의 생활」수준을 유형별로 구체화해 가는 것, 이를 통해 개호보험의 급부수준으로는 요개호자의「건강하고 문화적인 최저한도의 생활」을 유지할 수 없음이 증명된다면, 그것 이상의 급부를 청구할 수 있는 소송유형을 모색해 갈 필요가 있을 것이다(제1장의 5 참조).

동시에 개호보험급부수급권에 머무르지 않고 사회보장수급권을 내실화하기 위한 보다 깊은 고찰도 과제이다. 최근에 사회보장수급권 안에서도 갹출에 의거한 사회보험수급권과 그렇지 않은 생활보호 등의 복지급부수급권의 차이를 당연시하는 것과 같은 논의가 거론되고 있기 때문이다. 예를 들면, 앞에서의 다까소송의 제1심판결(카나자와지방재판소판결, 1999.6.11. 賃社 1256호 38항)에서도 개호보험급부수준과의 비교에 대해(원고에 지급되어진 타인개호비특별기준액은 월 121,000엔으로 개호보험재택급부의 최고 월액 약 36만의 1/3정도밖에 되지 않음), 개호보험급부는「보험가입자가 보험료 지불 후에 성립되는 개호보장이고 생활보호와는 성질을 달리하기 때문에 생활보호법과 같은 정도의 개호비가 지급되지 않는다고 해서 위법이 되는 것이라고는 할 수 없다」라고 하여, 생활보호법에 의한 개호부조의 수준을 갹출을 전제로 하는 개호보험의 급부보다 낮게 두는 것을 용인하고 있다.(47) 실무상에서도, 후생노동성의 강한 지도에 의해 서비스이용을 지급한도액 범위 내에서 억제하도록 하고 있는 등 피보험자를 열등처우하는 운영이 이루어지고 있다고 지적되고 있다.(48)

사회보장급부수급권은 욕구를 가지고 있는 모든 요원조자에게 보장되어져야 하는 것으로 요원조자의 지불능력이나 갹출의 유무에 의해 좌우되어서는 안 된다. 또한, 그것은 다른 자유권 등의 권리포기와 바꿔서 취득할 수 있는 것이 아니다. 사회보험급부수급권과 복지급부수급권의 내실을 비교 검토하여 둘 다 규범적 근거로써 생존권을 어떻게 자리 매김하게 할 것인지가 앞으로의 생존권론에서 중요한 과제라고 말할 수 있다.

---

(47) 학설에서도 사회보험급부와 공적부조(복지)급부와의 근거가 되는 연대이념의 상이를 지적하는 것도 있다. 太田·제1장주(55) p.121 이하 참조.

(48) 木下秀雄「개호보장에서 평등원칙의 의의」『주간사회보장』2045호(1999년) p.24참조.

# 제3장

# 개호보험개혁과 개정개호보험법 I

제2장에서는 요개호자의 개호보장·생존권보장의 시점에서 현행 개호보험법의 문제점과 과제에 대해 기술하였다. 본장과 제4장에서는 2005년 6월에 성립된 개정개호보험법의 내용과 문제점을 고찰하고자 한다. 먼저 본 장에서는 개정개호보험법의 성립에 이르기까지의 개호보험개혁과 이와 관련된 장애인복지개혁의 동향을 살펴보고 그 특징을 정리한 다음 개정개호보험법의 기본이념을 비판적으로 검토하고자 한다.

## 01 개호보험의 현재 상황과 그 지속 가능성

### 개호보험급부비의 증대

2000년 4월부터 실시되고 있는 개호보험제도에 대해서는 지금까지도 많은 문제점과 과제가 지적되어 왔지만(구체적으로는 제2장 3참조), 최근 개호보험급부비의 증대가 두드러지는 반면에 개호보험료의 대폭적인 인상이 앞으로는 어렵다는 의미에서 「개호보험재정의 파탄」이 우려되고 있다.

개호보험법이 시행되고 5년이 경과한 지금은(2005년 3월말시점. 이하 동일), 먼저 보험자인 시정촌이 행하는 요개호인정에서 급부자격이 있는 요개호인정자는 406만 명(어림수, 이하 동일)이고 서비스이용자(급부수급자)는 재택이 246만 명, 시설이 77만 명으로(특별양호노인홈이 약 36만 명, 개호노인보건시설이 약 28만 명, 개호요양형의료시설에 약 13만 명) 합치면 323만 명이다(후생노동성 노건국 「개호보험사업상황보고」에 의함). 또한 65세 이상의 제1호 피보험자수는 약 2,511만 명에 이르고 있다.

개호보험법 시행 당시(2000년 4월말, 이하 동일)와 비교해 보면, 65세 이상의 제1호 피보험자수가 약 16% 증가한 것에 비해, 요개호인정자 수는 약 88% 증가를 보이고 있어 고령자 수보다 요개호인정자의 수의 증가가 현저함을 알 수 있다. 요개호도수준으로 보면 「요지원」이 약 10%, 「요개호1」이 약 141%로 2배 이상 증가했으며 「요개호2」 이상의 인정자 수의 증가와 비교하면 현저하게 증가추세를 보이고 있다.(1) 또한, 서비스이용자도 개호보험법실시 당시와 비교해 보면, 전체적으로 117% 증가하였고, 재택서비스이용자가 153%로 시설서비스이용자에 비해 크게 증가하고 있다(시설서비스의 증가 49%). 재택서비스 중에서도 특히 그룹홈이나 유료노인홈 등 재택관련서비스이용이 현저하게 증가하고 있는데 이는 시설공급에 제약이 있는 상황에서(시설은 증설되지 않는 한 이용은 곤란) 시설에 대한 강한 욕구를 재택서비스가 대신 충족시키고 있다는 지적도 있다.(2)

이러한 서비스이용의 증가에 따라 개호보험급부비는 실시년도(2000년) 3.2조 엔에서 2005년에는 약 6조 엔으로 약 10% 증가하고 있다.

### 개호보험의 재정상황

한편, 개호보험의 제1호 피보험자(65세 이상의 고령자)의 보험료(제1호 보험료)는 보험자인 시정촌(광역연합 등의 경우도 포함.「시정촌」의 명칭으로 통일)마다 다르며 각 시정촌의 개호보험사업계획에 따라 3년마다 개정되지만, 앞에서 말한 바와 같이 이용증가와 급부비의 증대를 반영해 2003년의 제2기 개정에서는 80%의 시정촌이 보험료를 인상, 인상폭도 전국평균(가중평균)으로 13.1%(월 평균 3,293엔. 2003년 4월 시점)이다.

제2기 개정의 문제점은 고액보험료 시정촌이 증가했다는 것

(1) 후생노동성 노건국 개호보험과「개호보험의 운영현황과 과제」『주간사회보장』 2344호 (2005년) p.102 참조.
(2) 菊地潤＝田近栄治＝油井雄二「개호보험의 현황과 지속가능성」田近栄治＝佐藤主光 編『의료와 개호의 세대간 격차－현황과 개혁』(東洋経済新聞社, 2005年) p.154 참조.

으로, 제1기는 월 4,000엔 이상의 시정촌은 거의 없었으나, 제2기에는 약 200개소로 증가하였으며, 오키나와현에서는 현의 평균보험료가 약 5,000엔에 이르고 있다. 고령자부부세대에서 보면 월 1만 엔이라는 것은 높은 수준이다. 그리고 이 상태의 추이라면, 제3기 이후의 개호보험료도 대폭 인상될 가능성이 높으며, 제5기가 시작되는 2012년에는 월 6,000엔이 될 것이라고 후생노동성은 추이하고 있다(그림 4).

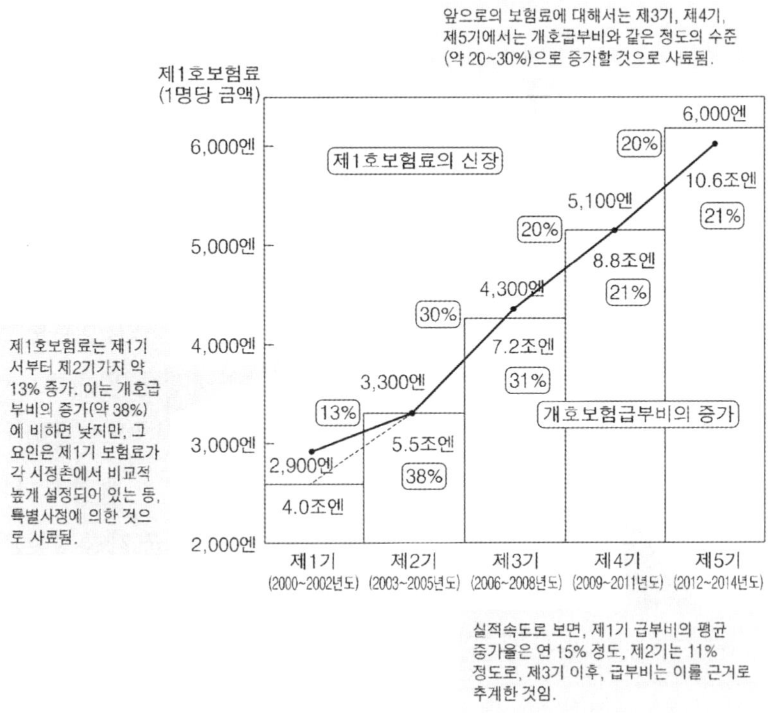


(출처) 후생노동성자료, 일부수정

**그림 4.** 개호보험급부비와 제1호 보험료의 추이(대략적 시산)

다음은 제1기에서 제2기까지의 시정촌(보험자)의 개호보험 재정의 상황을 현(県)별로 보면 전체적으로 흑자 추세이지만, 제1기 사업운영기간이 끝난 시점(2003년 3월말)에 재정안정화기금에서 돈을 빌린 시정촌 수는 735개소로 전체의 25.7%이며 1/4의 시정촌이 적자였다. 그 중에서도 오키나와현에서는 86.7%의 시정촌이 재정안정화기금에서 돈을 빌렸으며 적립금에 비해 융자비율은 88%에 달하고 있었다.

재정안정화기금은 개호보험재정의 안정을 도모하고 시정촌의 국민건강보험과 같은 일반 재원으로부터의 이월(이를 테면, 「제2의 국민건강보험」이 되는 것)을 방지하기 위해 도도부현에 설치된 기금으로 국·도도부현·시정촌이 각각 1/3씩을 부담하여, 3년마다 재정부족분 중에서 보험료 수납부족액의 1/2을 교부하고 매년 생기는 재정부족액 중에서 교부액을 제외한 액수의 전액을 빌려준다. 이는 원칙적으로 차기 사업운영기간(3년간)내에 제1호 피보험자의 개호보험료를 인상하여 갚는 것으로 되어 있다. 즉 적자 시정촌의 제1호 피보험자는 급부비의 증가와 융자를 갚는 것까지 더해져 개호보험료 인상이 더욱 가중되고 있다.(3)

개호보험의 재정난을 겪고 있는 시정촌이 증대되고 있는 가운데, 국가는 산정정령(算定 政令)을 개정해 변제기간을 9년으로 연장하는 조치를 취했지만 이것은 보험료 인상을 뒤로 미루는 것에 불과하며 이 상태로는 2006년도 이후 제3기에는 재정안정기금

(3) 예를 들면, 개호보험법시행 초년도부터 적자가 된 후쿠오카(福岡)현의 개호보험광역연합에서는 2005년도부터 개호보험료의 인상을 단행하였다. 기준보험료는 3단계로 설정하고, 가장 높은 기준보험료(타가와시(田川市)등 14시정촌)는 월 5,476엔으로 되어 있음(『朝日新聞』 2005年 9月 2日).

이 고갈되는 도도부현이나 임차금을 변제할 수 없게 되는 시정촌의 발생이 우려되고 있다.(4)

## 개호보험제도의 지속 가능성

후생노동성은 개호보험법실시 이후, 서비스의 이용자 수가 이용량과 함께 재택을 중심으로 대폭 증가하고 있어 개호보험제도의 도입이 일정한 성과를 올렸다고 평가하고 있다.(5) 그러나 이 정도의 서비스이용의 증가는 영리법인의 재택서비스참여를 인정하는 등의 규제완화를 실시하여 소요재원을 확보하면 가능한 것으로 개호보험제도도입의 성과로 강조할 정도는 아니다. 사실, 공적 비용으로 운영되고 있는 장애인의 **지원비제도**에서도 나중에 기술하겠지만, 서비스이용은 재택서비스를 중심으로 급증하고 있고(본장 2 참조), 제도 시행당시의 비용이나 이용자 수의 급증도 소위, 새로운 제도실시의 초기효과라도 해야 하며 총비용·급부비의 증가율을 보면 차츰 안정되고 있는 추세이다.(6)

＊지원비제도

장애를 가진 자가 스스로 서비스를 선택하여 시설 및 사업자와 계약하여 서비스를 이용할 수 있도록 하는 제도

오히려, 문제는 제2장 3에서 본 것과 같이 서비스이용의 계층화가 심화되고 있는 것으로, 특히 이용자부담이 응능부담에서 응익부담으로 전환됨에 따라 중·고소득자의 서비스이용이 촉진되고 있는 반면 저소득자의 서비스이용을 억제하는 경향이 나타나고 있다. 당초의 예상과 달리 중·고소득자의 서비스이용 증가에 의해 개호보험재정이 압박을 받고 있는 것에 후생노동성이 불안

(4) 菊地외 ·전게 주(2) p.156 참조.

(5) 후생노동성 노건국 개호보험과·전게주(1) p.102 참조.

(6) 里見賢治「개호보험 5년째의 검증– 그 한계와 과제」相野谷ほか·제1장주(50) p.98 참조.

해하고 있는 실정이라고 말할 수 있을 것이다.

이러한 가운데, 2003년 6월에는 재무성의 재정제도심의회가 현행의 개호보험제도는 앞으로 보험료·조세부담의 증대만으로는 지속할 수 없으며 재검토가 필요하다고 건의했고, 2004년 5월에도 급부비의 증대를 억제하기 위해 이용자의 본인 부담률을 20~30%로 인상하고, 시설에서는 거주비나 식비 등을 공적 보험의 급부대상에서 제외하도록 제언하였다. 즉 재무성으로부터 개호보험제도는「지속곤란」으로 평가되어 개혁의 필요성이 지적되고 있다.

## 02 개호보험·장애인복지개혁의 동향(1) 개호보험·지원비제도의 통합문제

### 급부상한 개호보험·지원비제도 통합안

개호보험법 부칙 2조는 법 시행 후 5년(2005년)을 목표로 장애인복지시책이나 의료보험제도 등과의 적합성 등을 감안해 피보험자 및 보험급부를 받을 수 있는 자의 범위, 보험급부의 내용·수준, 이상적인 보험료 부담형태 등 제도전반에 걸쳐「필요한 재검토 등의 조치」를 강구한다고 결정하였다. 2005년 개호보험 재검토 규정에 입각해 후생노동성은 2003년 5월에 제도 재검토를 심의하는 전문부회로 사회보장심의회에 개호보험부회를 설치하고 2004년 1월에는 후생노동성 내부에 개호제도개혁본부를 설치해 검토해왔다. 그리고 이 검토과정에서 급부상하고 있는 것이 개호보험의 피보험자 범위를 현재의 40세 이상에서 20세 이상으로 확대하고,

젊은 나이의 장애인들도 개호보험의 적용대상으로 포함시키려는 개호보험제도와 지원비제도(장애인복지제도)의 통합 안이다.

이 안은 피보험자의 범위를 확대해 보험료를 납부하는 대상을 늘림으로써 개호보험재정의 안정을 도모하고 보험료 수준을 억제하는 것을 주된 목적으로 하고 있다. 단, 현행 개호보험법에서는 40세에서 64세까지의 제2호 피보험자가 노화과정에서 발생하는 질병(구체적으로는 시행령 2조에 결정되어 있는 **15가지의 특정질병**)이 원인되어 요지원·요개호상태가 된 경우를 수급요건으로 하고 있어, 대부분의 피보험자에게는 급부가 없다(제2호 피보험자 약 4,200만 명 중에서, 이 요건에 해당해 급부자격을 인정받은 것은 2005년 3월말 시점에 전국에서 약 140만 명, 0.3%에 지나지 않는다.「개호보험사업상황보고」에 의함).

*특정질병

특정질병이란 심신의 병적가료현상과 의학적 관계가 있다고 생각되어지는 질병으로 65세 이상의 고령자에게 많지만 40세에서 65세 미만의 사람에게서도 발생하는 질병을 말함

그렇기 때문에, 가령 피보험자의 범위를 20세까지 확대한 경우, 이 특정질병의 요건을 남겨둔 채로는 20대·30대가 개호보험의 수급대상이 될 가능성은 거의 없게 된다. 특히 20대의 젊은이들은 높은 실업률과 비정규직노동의 진행에 의해 보험료 부담능력이 저하되고 있어, 보험료의 미납·체납 문제가 심각화되고 있다(서장 참조).

더욱이, 65세 이상이 될 때까지는 거의 급부를 기대할 수 없다고 가정하면 개호보험료의 경우 국민연금이나 국민건강보험의 보험료 이상으로 젊은이들의 보험료 납부의욕을 감퇴시킬 것은 쉽게 예측할 수 있다. 한편, 피보험자의 범위를 확대하는 동시에 특정질병의 요건을 철폐하여 모든 피보험자에 대해 요개호상태가 된 원인에 관계없이 개호보험급부를 받을 수 있는 방식으로 하려고 하는 안(즉, 젊은 장애인도 급부 대상으로 하는 개호보험과 지

원비제도와의 통합안)도 나와 있다. 하지만 특정질병요건을 철폐하더라도 20세부터 64세까지의 장애발생률은 2% 미만(정신장애인 제외)이라는 추계가 있으며,(7) 대부분의 피보험자는 보험료를 지불하기만 하고 급부는 받지 못하는 상태에는 변화가 없다. 그러나, 20세부터 39세까지의 약 3,500만 명이 새로운 피보험자로 더해져 개호보험료 인상억제효과는 기대할 수 있다.

후생노동성이 2004년 10월에 사회보장심의회 개호보험부회에서 제시한 시산(試算)에 의하면 개호보험의 피보험자가 현행 40세 이상인 채로라면, 개호보험료의 평균은 2006~2008년도에는 4,300엔, 2009~2011년도에는 5,100엔, 2012~2014년도에는 6,000엔이 되지만, 피보험자를 20세 이상으로 확대한다면 20세 이상을 전부 같은 금액으로 했을 경우 개호보험료의 평균은 각각 2,800엔, 3,300엔, 3,900엔으로 억제된다고 하였다(단, 의료보험료와 마찬가지로 20세부터 64세까지의 피보험자에 대해서는 보험료의 절반을 사업주 또는 국가가 부담한다고 가정).

### 지원비제도의 현황

한편 장애인복지분야에서는 2000년 6월 법 개정에 의해 신체장애인복지법(신체장애인복지법 17조의4, 17조의31), 지적장애인복지법(지적장애인복지법 15조의5, 15조의31), 아동복지법(아동복지법 21조의10, 21조의24)에서는 지원비제도가 법정화되어 2003년 4월부터 실시되고 있다.

(7) 동경도 무사시노시『개호보험시행 5년 후의 제도검토를 위해-무사시노시의 제언』(2003年 12月) p.14 참조.

지원비제도는 종래의 행정조치에 의한 서비스급부 대신에 장애인이 사업자나 시설과 직접 계약을 체결하여 서비스를 이용하며, 본인부담을 제외한 서비스비용을 시정촌이 지원비로 지급하는 제도로 조치제도에서 계약제도로의 전환을 도모할 수 있다는 점에서는 개호보험제도와 같지만, 사회보험방식의 개호보험제도와는 달리 재원은 세금으로, 이용자 부담도 개호보험이 10%의 응익부담인데 반해 소득에 따른 응능부담을 원칙으로 하고 있다(제5장2참조).

그러나, 지원비제도는 시행직후 홈헬프서비스 등의 이용급증으로 약 128억 엔이 적자가 되는 등 제도설계의 허술함을 드러내었다. 재정적으로는 지원비의 절반을 국가가 부담하는 구조로 되어 있지만, 지원비 내의 재택생활지원은 법적으로 국가의 재량적 경비로 되어 있기 때문에(「5/10 이내를 보조할 수 있다」고 규정되어져 있다. 신체장애인복지법 37조의 2, 제2항 등 참조), 국가로부터의 교부가 부족한 사태가 발생하였다.

마지막으로, 재택서비스에 대한 국고보조는 전국평균 85%정도로 되어 있어, 국가로부터 받지 못한 부분이 그대로 시정촌 「세입 결손」 사태를 양산했다는 것이 지적되고 있다.(8) 그리고, 2004년도에는 재택서비스부문에 적자가 발생할 것이 예측되는 예산편성이었기 때문에(재택서비스 이용의 증가가 전년도대비 50%를 넘었지만, 국가부담은 전년대비 16.7% 증가에 머물러 있었음) 약 250억 엔의 적자가 발생했다(그 중에서 173억 엔은 보정예산으로 조치).

더욱이, 코이즈미정권의 「삼위일체개혁」(국고보조금의 삭

(8) 平野方紹「흔들리는 지원비제도와 장애인복지의 『그랜드디자인』」『월간동경』 252호(2004년) p.6 참조.

감, 지방교부세의 재검토, 세원의 지방이양, 3가지를 한꺼번에 실시한다는 것이었지만 국고보조금 삭감이 선행)으로 국가의 보조금 약 4조 엔이 삭감되고, 국가의 지원비 부담분도 특정재원(국고보조금)에서 일반재원(지방교부세)화될 가능성이 높아지고 있다. 그리고 제도 실시 후 불과 1년도 되지 못해, 지원비제도는 안정된 재원확보가 곤란하여 보험료 수입을 전망할 수 있는 개호보험과의 통합이 필요하다는 목소리가 정부뿐만 아니라, 장애인복지관계자 가운데에서도 높아지기 시작한 것이다.

## 03 개호보험·장애인복지개혁의 동향(2) –통합의 연기와 장애인자립지원법안의 제출

### 연기된 개호보험·지원비제도의 통합

이상과 같이 개호보험, 지원비제도 쌍방의 재정사정 하에서, 후생노동성은 2005년의 정상국회에서 개호보험법의 개정법안을 제출하고, 제1호 피보험자의 개호보험료가 개정되는 2006년도부터 피보험자의 범위를 확대하여 개호보험과 지원비제도의 통합을 실현한다는 계획으로 준비를 진행해 왔다. 그러나 이 통합안에 대해서는 보험료의 사업주부담의 확대에 반발하는 경제계, 사무절차나 재정면의 문제(특히 개호보험료의 증가에 의해 국민건강보험료의 인상과 국민건강보험재정의 악화)를 가지게 되는 시정촌 등으로부터 신중론이 제기되고 장애인단체도 신중론을 제기하면서 2004년 7월 30일에 사회보장심의회 개호보험부회가 발표한

「개호보험제도의 재검토에 관한 의견」(이하「재검토 의견」이라고 함)에서 피보험자의 범위 확대에 대해서는 찬반여론이 팽팽하여 결론이 연기되었다.

후생노동성은 2004년 안에 이 점에 대한 합의를 이끌어 내어 개혁윤곽을 정리할 예정이었지만, 여당 내에서도 부담 증가에 대한 신중론이, 정부의 경제재정자문회의에서도 신중론이 거론되자 2005년 2월에 예정되고 있는 개호보험법의 개정법안 제출까지 정부·여당에서 합의를 얻을 전망이 불투명해졌다. 결국, 2004년 12월 10일 개호보험부회의 보고서「『피보험자·수급자의 범위』의 확대에 관한 의견」에서는「피보험자·수급자의 범위 확대」가 다수의견이었다는 것을 명시한 채, 2005년의 개호보험개혁에서 피보험자 범위확대와 그것에 연동하는 개호보험·지원비제도의 통합은 연기되었다.(9)

피보험자의 범위 확대가 연기되어 2005년의 개호보험법개정에서는 급부억제가 주된 개정내용이 되었다. 이미 그 내용은 전술의「재검토의견」에서 제언되었다. 즉,「요지원」이나「요개호1」과 같은 경증대상자들을 현행의 급부에서 제외하고「신예방급부」로 재편성하는 것, 개호보험의 시설급부에서 주거비나 식비를 제외하는 등이 해당된다. 이러한 내용은 2005년에「개호보험법 등의 일부를 개정하는 법률안」(이하「개호보험법개정법안」이라고 함)

---

(9) 개호보험·지원비 제도의 통합문제와 연기에 이르기까지의 경위에 대해서는 伊藤周平「개호보험제도검토의 동향과 과제—개호보험·지원비제도의 통합문제를 중심으로」『月刊保団連』854호(2005년) p.10참조, 또한 白沢仁「장애인자립지원법(안)의 문제점과 과제」相野谷ほか編·제1장주(50) p.35도, 통합은「연기」로,「단념」은 아니며, 이미 실시시기를 재검토하는 작업이 진행되고 있다고 지적함.

으로 정리되어져(전술, 피보호자의 범위 확대에 관해서는 개정법안의 부칙으로 사회보장제도의 일체적인 재검토에 맞춰 검토를 실시하여, 2009년도를 목표로 해서 「소요조치를 강구한다」고 규정), 같은 해 2월 8일 내각회의에서 결정되어 제162회 국회(통상국회)에 제출되었다(서장 참조).

### 「그랜드디자인」과 장애인자립법안의 제출

지원비제도의 개혁에 대해서는 개호보험과 지원비제도의 통합 연기가 거의 확정된 2004년 10월 12일, 후생노동성은 사회보장심의회 장애인분과회에 「금후의 장애보건복지시책에 대해서~개혁의 그랜드디자인 안」(이하 그랜드디자인이라고 함)을 제시했다.

이것은 신체·지적·정신 등 장애상태별로 대응해 온 장애인시책에 대해서 연령, 장애 종별, 질병을 넘어선 이원적인 체제를 정비한 후, 신제장애인복지법, 지적장애인복지법, 정신보건 및 정신장애인복지에 관한 법률(이하, 「정신보건복지법」이라고 함)을 개정하고 「장애인복지서비스법(가칭)」을 제정한다는 개정안으로 구체적으로는, ① 시정촌을 중심으로 하는 서비스제공 체제의 일원화, ② 취로나 지역생활형의 통소시설에의 시설체계의 재편성, ③ 지급심사회나 장애인케어매니지먼트의 도입에 의해 효과적·효율적인 서비스이용 촉진, ④ 응익부담도입 등이 제시되었다.(10)

(10) 「그랜드디자인」에 대해 구체적인 것은, 장애인생활지원시스템연구회편 『장애인보건복지개혁의 그랜드디자인은 무엇을 지향하는 것일까-앞으로 어떻게 되는가 장애인복지』(かもがわ出版, 2005年)참조[塩見洋介執筆].

그 후, 후생노동성은 법률명을 「장애인자립지원급부법」이라고 변경한 후, 2005년 1월 25일, 장애인부회에 장애인자립지원법안요강(안)을 제출하고 승인을 받은 후, 같은 해 2월10일, 장애인자립법안(이 단계에서 「급부」의 문언이 생략되었음)으로 내각회의 결정에 의해 개호보험법개정법안과 같이 제162회 국회에 제출되었다(서장 참조).

장애인자립지원법안은 피보험자의 범위 확대가 2005년 개호보험법의 개정에서 곤란하게 된 것, 나아가 「삼위일체개혁」에 의해 장애인복지관계의 국고보조금이 지방교부세(일반재원)화될 가능성이 높아졌기 때문에, 후생노동성이 장애인복지의 재원을 국고보조금이라는 형태로 계속 유지하면서 장래적에는 지원비제도를 개호보험에 통합하는 포석으로 만들어 낸 것으로 볼 수 있다.(11) 실제, 개호보험의 보험자는 시정촌으로 서비스의 이용자부담도 응익부담으로 되어 있고, 새로 시정촌 등에게 작성이 의무화된 **장애복지계획**에 장애복지서비스 등의 예산량이 명확하게 기록되는 것으로 개호보험사업계획과의 정합성을 유지할 수 있다(보험료의 산출이 가능하게 됨).

*장애복지계획

국가가 정한 기본방침에 근거하여 시정촌 및 도도부현은 장애복지서비스와 지역생활지원사업 등의 제공체제를 확보하는 것과 관련된 장애복지계획을 수립해야 함

또한, 장애인자립지원법 안에서는 지원비제도 내에서 급부대상이 아니었던 정신장애인을 급부대상에 편성하여 정신장애인복지가 확충될 것으로 보이지만, 이 법안의 주된 목적이 재정문제를 배경으로 한 개호보험·지원비제도 통합의 포석, 또는 개호보험을 모델로 한 장애인복지의 보험화에 있는 이상, 그 실시가 정신장애인복지도 포함해서 장애인복지 전체의 충실에 이어진다고는 생

(11) 같은 지적으로, 平野·전게주(8) p.8 참조.

각하기 어렵다. 특히 이 법안에서「개호급부」의 장애정도구분판정에 개호보험의 요개호인정을 모델로 한 컴퓨터에 의한 1차 판정 도입이 예정되어있어, 신체적 자립도가 높은 정신장애인의 대부분은 복지서비스를 이용할 수 없게 될 우려가 있다(제5장 2참조).

## 04 개호보험·장애인복지개혁의 동향(3) -개정개호보험법과 장애인자립지원법의 성립

### 개정개호보험법의 성립

이상과 같이, 2005년 제162회 통상국회에서는 거의 동시에 개호보험법개정법안과 장애인자립지원법안이 제출되었지만 둘 다 국회심의에서 문제점과 과제가 명확하게 밝혀졌다.

특히, 개호보험법개정법안에 대해서는 중의원의 심의과정에서도 공청회에 여당인 자민·공명당 추천의 공술인으로부터도 개정법안을 비판하는 발언이 있거나(특히 시설입소자의 부담 증가), 고치현(高知県)을 비롯한 많은 지자체로부터 2006년 4월부터의 신개호예방사업에 대한 대응이 곤란하다는 등의 목소리가 높아지는 등 개호보험법개정법안의 문제점이 오히려 선명해졌다. 또한 후술하는 개호예방사업의 유효성에 대해서는 그 논의의 전제가 되는 시정촌모델사업의 자료가 후생노동성에서 제출된 것이 중의원에서의 심의종료 10일 전에 제시되었을 뿐 아니라,(12) 민주당 의

(12) 岡本祐三「요개호도악화와 가사원조이용의 상관관계는 없다」『월간개호보험』 113호(2005년) p.22 참조.

원의 분석에 의하면 자료에 많은 오류가 있어 그 유효성이 증명되지 않았다는 것이 명확해졌다.

다만, 민주당이 당초부터 개호보험추진의 입장에 있었으므로 (특히, 피보험자의 범위 확대에 대해서는 여당이상으로 적극적이었다고 해도 좋음), 신예방급부나 지역지원사업의 실시상황에 대한 개정법안 시행 3년(즉 2009년)을 목표로 한 재검토조항(개정법 부칙 2조 2항)을 추가한 수정안에 동의하고 결국, 개호보험법개정법안에 대해서는 찬성으로 돌아섰다. 결국, 2005년 6월 22일, 개정개호보험법이 성립한 것은 서장에서 기술한 대로이다. 그렇기는 하지만 이 법안의 가결에 있어서는 시설이용자의 부담이 과중되지 않도록 저소득자에 대한 배려와 급변완화에 노력하는 등, 참의원에서 24항목에 달하는 부대결의가 취해진(중의원에서는 4항목) 것을 보아도 얼마나 문제가 많았던 법안이었는지를 알 수 있다. 그 중에서도 시설입소자의 부담증가에 대해서는 법률성립부터 실시까지 3개월 남짓 정도밖에 걸리지 않았으며 준비기간도 충분하지 않은 채로 강행되었다고 해도 좋다.

### 장애인자립지원법의 재제출과 성립

장애인자립지원법안에 대해서는 특히 응능부담의 도입을 둘러싸고 '당사자나 가족, 장애인 단체로부터 장애인이 복지서비스를 이용하는 것이 이윤추구를 위해서 인가?'라는 강한 반발이 표출되었다. 지금까지의 지원비제도 하에서의 이용자부담은 소득에 따른 응능부담이 원칙이었지만, 이 법안은 서비스비용·의료비의 10% 응익부담 도입을 최대의 목표로 하고 있었기 때문이다.

후생노동성은 이러한 반발을 고려하여 응익부담을「일정비율부담」또는「서비스의 양과 소득에 착안한 부담」이라고 명칭을 바꾸었지만,(13) 서비스이용자인 장애인의 입장에서 보면, 종래의 응능부담에 비해 부담이 대폭 증가하는 것은 틀림없다. 예를 들면, 현재의 재택·통소서비스의 평균부담률은 약 1%로 응익부담제도 도입시에는 10%로 단숨에 10배나 부담이 증가하게 되는 것이다. 더욱이 시설입소자에 대해서는 식비나 광열수도비의 부담도 더해져 상당히 부담이 증가하게 된다. 따라서, 지금까지 응능부담 하에서 저렴하게 혹은 무료로 복지서비스를 이용해 왔던 장애인이 서비스이용을 억제할 수밖에 없는 사태가 발생할 우려가 있다. 무엇보다, 응능부담은 장애인에게 복지서비스 이용을 억제시키고, 더구나 서비스이용억제가 저소득자나 중증장애인에 집중적으로 발생할 수 있는 구조로 되어 있다는 점에서 중대한 문제를 안고 있다(제5장 2참조).

그리고, 장애인이나 가족의 응익부담도입에 대한 강한 반대로 장애인자립지원법안 심의가 지연되는 등, 이 법안이 폐안되는 하나의 원인이 되었다. 그 후 이 법안은 거의 수정되지 않은 채 그대로 2005년 9월 12일 특별국회에 다시 제출되어 같은 해 10월 31일에 장애인자립지원법으로 성립되었다(서장 참조). 덧붙여 말하면, 장애인자립지원법에서 응익부담의 도입은 당초에는 2006년 1월부터로 예정되었지만 준비기간을 두고 2006년 4월부터 실시하기로 변경되었다.

(13) 白沢·전게주(9) p.37 이하 참조.

## 개호보험·장애인복지개혁의 특징

지금까지 개정개호보험법의 성립과 장애인자립지원법안의 재제출과 성립에 이르는 개호보험·장애인복지개혁의 경위에 대한 고찰을 통해 서장에서도 지적한 바와 같이 최근 정부의 사회보장개혁은 단기간에 충분한 논의도 없이 법안을 정리하거나, 법안의 개략적인 틀만 정하고 중요사항의 대부분은 국회의 심의도 걸치지 않고 정령·성령만으로 결정되어지는 경향이 있다는 것을 살펴보았다.

특히, 개호보험법의 경우에는 개호보험제도의 도입 전에 빈번하게 거론된「개호의 사회화」나 가족의 부담경감과 같은 문구는 완전히 그림자를 감추고, 개호보험료 인상에 이어지는 개호보험급부비의 증대를 어떻게 억제할까라는 제도의 지속가능성, 재정억제논리만을 전면에 내세우고 있는 점에 최대의 문제가 있다. 하지만, 개호보험급부비 증대는 제도창설 당시부터 예상되었던 것이다. 고령자의 진전과 요개호자가 증가하는 가운데 서비스 이용자(급부 수급자)의 증가 및 급부비의 증대는 가족개호의 부담 경감과「개호의 사회화」를 표방하는 개호보험의 구조적 숙명이라고 해도 좋을 것이다. 이미 급부억제와 부담증가만이 선행하는 개혁이 진행되고 있다고 해도 과언이 아니다. 거기에서는 당사자인 고령자나 장애인, 가족, 현장의 복지노동자의 목소리보다 재정억제의 논리가 우선 되어 급부억제와 부담증가가 선행하는 개혁이 추진되고 있다.(14)

(14) 廣末利弥「정책제언·누구나가 무리없는 부담으로 존엄있는 인생을 보낼 수 있도록 하는 개호보험제도를」교또부보험의협회·개호보험대책위원회편『교또의 개호현장에서 제언한다-개호보험 5년째의 검토를 위해』(かもがわ出版, 2005年) p.20에서도, 사회보장심의회 사회보험부회에서의 개호보험개혁의 논의에 대해 국민부재, 이용자부재로「먼저 결론을 내리는」졸속한 논의이라고 비판하고 있음.

더구나, 이러한 급부억제책이 후생노동성에 의해「예방중시형시스템으로의 전환」등 그럴 듯한 말로 장식되고, 앞에서 말한 것과 같이 자료를 숨기거나 의도적으로 조작하여 마치 유효한 시책인 것과 같이 선전되고 있으며, 신예방급부 창설로 볼 수 있는 것은 지금까지의 사회보장의 기본원리뿐만 아니라, 개호보험법의 원리인「자립지원」의 의미조차도 크게 왜곡시키고 변질시키고 있다고 말할 수 있다. 여기에서는 후생노동성이 내세우고 있는 개정 개호보험법의 취지와 기본이념이 되는 것을 비판적으로 검토하도록 한다.

## 05 개정개호보험법의 취지와 기본이념

### 개정개호보험법의 취지와 주된 내용

후생노동성에 의하면, 이번의 개호보험법 개정의 취지는「한층 더 진전된 고령화 등 사회경제 정세의 변화에 대응한 지속가능한 개호보험제도를 구축하는 것과, 동시에 고령자의 존엄을 유지하고 능력에 따라 자립생활을 영위할 수 있는 사회실현에 이바지하기 위한 예방급부의 급부내용 재검토, 식비 및 주거비에 관련되는 보험급부의 재검토 등 보험급부의 효율성 및 중점화, **지역밀착형서비스**의 창설 등 새로운 서비스 유형의 창설, 사업자 및 시설의 지정 등에 관련되는 갱신제 도입 등 서비스의 질 확보 및 향상, 장애연금 및 유족연금을 특별징수의 대상으로 하는 등 부담의 이상적인 형태 및 제도 운영의 재검토 등의 조치를 강구」(「개호보험법

*지역밀착형서비스

개정개호보험법에 규정된 지역밀착형서비스로는 소규모다기능형거택개호, 인지증대응형통소개호, 인지증대응형공동생활개호, 야간대응형방문개호, 지역밀착형지정시설입거자생활개호, 지역밀착형개호노인복지시설 등이 있음

등의 일부를 개정하는 법률안 요강」 제1· 개정의 취지에 의함)하는 것에 있다고 되어 있다. 부칙 검토 규정인 피보험자·수급자의 범위를 제외하면, 그 주된 내용은, ① 예방중시형시스템으로의 전환, ② 시설급부의 재검토, ③ 새로운 서비스체계의 확립, ④ 서비스의 질 확보·향상, ⑤ 부담의 이상적인 형태·제도운영의 재검토 등으로 정리할 수 있을 것이다(그림 5 참조).

①「예방중시형시스템으로의 전환」에서 가장 핵심내용은 신예방급부의 창설이다. 즉, 개호보험법시행 후, 「요지원」이나 「요개호」와 같은 경증대상자가 증가하고 있지만, 이러한 경증대상자들에게는 과도한 안정이나 생활이 활발하지 못해 서서히 전신의

| | [구체적 내용] |
|---|---|
| 예방중시형시스템으로 전환 | 신예방급부의 창설, 지역지원사업의 창설 |
| 시설급여의 검토 | 거주비용 · 식비의 검토, 저소득자 등에 대한 조치 |
| 새로운 서비스 체계의 확립 | 지역밀착형서비스의 창설, 지역포괄지원센터의 창설,<br>거주계서비스의 충실(유료노인홈의 검토 등)<br>의료와 개호의 연계 강화<br>지역개호 · 복지공간정비교부금의 창설 |
| 서비스의 질의 확보 · 향상 | 정보개시의 표준화, 사업자 규제의 검토<br>케어매니지먼트의 검토 |
| 부담의 적정수준 · 제도운영의 검토 | 제1호보험료의 검토, 시정촌의 보험자 기능 강화<br>요개호인정의 검토, 개호서비스의 적정화 · 효율화 |
| 피보험자 · 수급자의 범위 | 사회보장제도의 일체적 검토와 함께 검토<br>그 결과에 따라, 2009년을 기준으로 필요한 대책을 마련함. |

※ 시행: 2006년 4월(단, 시설입소비용 검토는 2005년 10월 시행)

(출처) 후생노동성자료, 일부수정

**그림 5.** 개정개호보험법의 개요

신체기능이 저하해 버리는 「폐용성증후군」을 예방하기 위한 대응이 요구된다고 강조하고, 이전의 개호보험서비스로는 충분한 예방효과를 거두지 못한다고 한다. 따라서, 개호보험의 기본원리인 「자립지원」을 보다 철저히 하기 위해 경증대상자들에게 이전의 「예방급부」의 대상자 범위, 서비스 내용, 매니지먼트체계를 재검토하여 「신예방급부」를 창설한다고 주장한다.[(15)] 즉, 경증대상자를 이전의 급부에서 제외하여 새로운 급부에 편입시키는 것으로 신예방급부서비스는 경증의 대상자의 특성에 맞게 보다 자립도를 높이는 서비스로써 제공되어야 한다고 보고 있다(2006년4월부터 실시, 구체적인 내용에 대해서는 제4장 1참조).

두 번째가 **지역지원사업**의 창설이다. 이것은 요지원, 요개호상태로 될 우려가 있는 전 단계에서 요개호상태가 되지 않도록 하는 사업이다.[(16)] 이 사업의 실시주체는 시정촌으로 2006년 4월부터 개호예방사업 이외에 포괄적지원사업 등도 실시하게 된다(제4장 2참조).

＊지역지원사업

지역지원사업은 개호예방사업, 포괄적지원사업, 임의사업인 3개의 사업으로 구성되며 이에 소용되는 경비는 개호보험에서 지급하도록 하고 있음

②「시설급부의 재검토」는 재택과 시설 사이의 이용자부담의 불균형을 시정하고, 개호보험급부와 연금급부의 중복 등을 시정하는 관점에서 개호보험시설의 식비·거주비를 보험급부에서 제외하고 입소자부담으로 하는 것으로 2005년 10월부터 실시되고 있다(제4장 3참조).

③의 「새로운 서비스체계의 확립」은, 인지증(치매)노인 등의 증가에 대응하고 가까운 생활권 단위로 새로운 서비스체계를 확

(15) 후생노동성 노건국 노인복지과 「개호보험법의 개정에 따른 개호보수·요개호인정의 검토에 대해」『주간사회보장』 2344호(2005년) pp.116-117 참조.
(16) 후생노동성 노건국 노인복지과·전게주(15) p.117 참조.

립하기 위해, 도도부현지사가 사업자를 지정하는 지금까지의 서비스체계를 시정촌장이 사업자를 지정·지도감독 등을 행할 수 있는 야간대응형방문개호나 **소규모다기능형거택개호** 등의 지역밀착형서비스를 창설하는 것이다.

*소규모다기능형거택개호
통소를 중심으로 심신의 상황이나 희망에 따라 수시로 숙박을 하거나 방문을 하도록 편성하여 이용할 수 있는 서비스 형태임

또한, ④의 「서비스의 질 확보·향상」에 대해서는 개호사업자의 지정 등에 대해 갱신제를 마련함과 동시에 모든 개호사업자에 대해 정보공개를 의무화하는 것이 포함되었다(제4장 4참조).

## 「예방중시형시스템으로의 전환」 논거의 타당성

여기에서는 시설급부의 재검토 등의 구체적 내용검토는 다음장에서 하고, 이번의 개정 개호보험법의 기본이념으로 생각되는 「예방중시형시스템으로의 전환」 특히, 그 핵심이 되는 신예방급부창설의 타당성에 대해서 고찰한다.

앞서 말한 바와 같이, 후생노동성은 신예방급부의 창설의 정당성을, 현행 가사원조서비스 등의 이용이 경증대상자를 「폐용성증후군」에 빠지게 하여 요개호상태를 악화시키고 있다고 전제하고 있지만, 이는 개호보험을 적극적으로 지지하고 있는 층에서조차 「노년의학의 국제적 상식에 비추어보더라도, 일반 상식수준에서 보더라도 이상한 것(17)」으로 비판받고 있으며, 상황증거적 자료들이 약간 있을 뿐 실증적인 근거자료가 없다는 것이 지적되고 있다.(18)

그리고, 적은 자료조차도 「재택개호지원사업소실태조사」(카고시마현 보건복지부가 실시한 것으로 무작위추출에 의해 전 재

(17) 岡村·전게주(12) p.23 참조.
(18) 岡村祐三 「『개호예방』에의 의문」 『월간개호보험』 107호(2005년) p.23 참조.

택개호서비스수급자의 6.6%를 대상으로 함, 그림 6 참조)를 보면, 「요개호 2·3」의 사람들과 전체 총수에서 같은 경향을 볼 수 있는데, 「요지원」과 「요개호 1」의 대상자들만을 서비스이용이 증가할수록 요개호도가 중증화되고 있다고 단정하거나,(19) 각 샘플이 실제 수치와 매우 차이가 있음에도(월 29회의 이용자 수는 310명 중 불과 2명인데도 불구하고, 1~4회는 134명) 어떤 속성의 비율만을

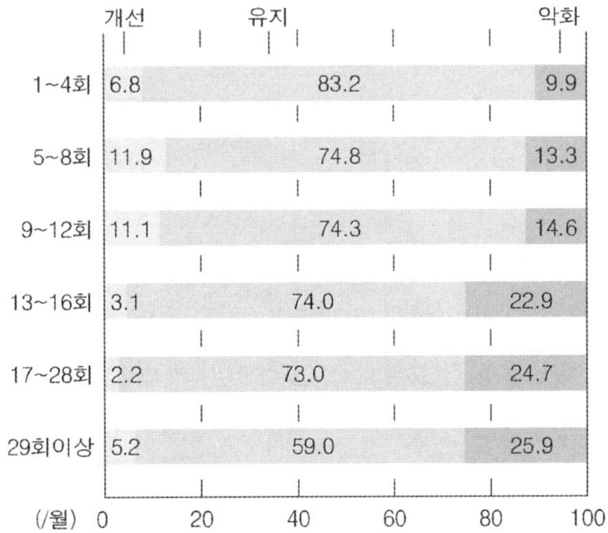


(출처) 岡村·제3장(12) 22항 일부수정

**그림 6.** 방문개호서비스 이용횟수별로 본 요개호도의 변화 (요지원/요개호 1)

---

(19) 같은 후생성이 정리한 「개호급부비실태조사보고」(2003년도분)에서는 다른 개호도의 자에 비해 「요개호1」의 사람의 유지·개선율은 가장 높았고(82%), 중증화율은 가장 낮다(18%)라는 결과가 나타났음에도 불구하고 후생노동성은 이 조사결과에 대해서는 언급하지 않고 있음.

비교하는 등 후생노동성에 의한「통계처리의 초보적인 오류 또는 의도적인 해석 및 왜곡[20]」이 현저하다.

자료를 있는 그대로 분석하면, 오히려 가족원조서비스의 이용이 상태개선이나 유지에 미치는 역할은 크다는 것을 볼 수 있으며, 중증화를 예방한다는 측면에서는「요개호 2」이상의 대상자들도 예방급부의 대상이 되어야 할 것이다.「요지원」과「요개호1」의 사람을「겨냥」하는 것과 같은 신예방급부의 창설은 설득력이 떨어진다.[21] 또한, 새로운 개호예방서비스에 대해서는「개호예방의 효과에 관한 과학적인 근거가 전제」되었다고 하면서도, 후생노동성이 제시한 근거는 약간의 논문인용과「보고되어지고 있다」는 것에 불과하며(후생노동성 노건국『개호예방에 대해서의 Q&A』 2004년 12월) 과학적인 근거는 찾아보기가 힘들다.

의도에 맞지 않는 데이터를 숨기거나 자의적인 데이터사용은 2004년의 연금개혁법안의 심의 때에도 보여졌지만, 신예방급부 창설에서도 그것이 반복되었다고 말할 수 있다. 후생노동성이 제시한 신예방급부 창설의 근거는 근거라고 말할 수 있을 정도의 것조차도 되지 못한다.

단, 후생노동성이 말하는「예방중시」그 자체는 부정할 수 없다. 이번 개정은 요개호상태로 될 위험 또는 요개호상태가 악화하는 위험을 경감하는 장치를 마련하여, 제도의 효율성 향상을 도모하려는 것이라고 평가하는 견해도 있다.[22] 그러나 개호보험법의 목적은 어디까지나 요개호상태로 된 고령자 등이「자립하여 일상

(20) 岡村·전게주(12) p.23 참조.
(21) 岡村·전게주(18) p.22 참조.
(22) 小塩隆士『인구감소시대의 사회보장개혁』(日本経済新聞社, 2005年) p.224 참조.

생활을 영위할 수 있도록 필요한 보건의료서비스 및 복지서비스에 관련된 급부를 실시하는 것」에 있으며(개호보험법 1조, 적어도 이 부분에 대해서는 이번 개정에 의해 문구의 변경 없이, 오히려 고령자 등의 「존엄유지」가 추가), 요개호상태의 악화방지에 있는 것은 아니다. 본래 이러한 상태악화를 방지하기 위해서는 개호서비스를 통한 생활지원이 불가피하며 예방서비스만으로는 불가능하다. 개호서비스에 예방서비스가 부가되어야 예방의 효과가 높아진다고도 하지만, 두 가지는 양자택일의 관계에 있는 것이 아니라 보완적인 관계에 있다.

### 급부억제시스템으로의 전환

이번 개정개호보험법은 요지원으로 판정받은 사람에게 제공되는 서비스를, 종래의 개호서비스에서 예방서비스로 전환하면서 두 가지를 양자택일의 관계로 평가하고 있는 점에서 큰 문제가 있다. 더욱이, 앞서 말한 바와 같이 예방적 서비스의 효과성이 입증되지 않았으며, 이것으로는 예방효과에 의한 급부억제는 어려울 것으로 판단된다(제4장 1참조).

후생노동성도 예방효과는 그다지 기대하지 않고 있으며, 본심은 급부억제를 위해 종래의 재택급부수급자의 절반이상을 차지하는 「요지원」이나 「요개호1」의 경증대상자를 보험급부에서 제외하고자 하는 것이다.(23) 그것을 노골적으로 말할 수 없기 때문에 누구나 부정하기 어려운 「예방중시」의 이념을 제시하여 경증대상자의

(23) 石田一紀 「『신·예방급부』의 블랙박스」 『ゆたかなくらし』 273호(2004년) p.38 이하 참조.

서비스이용을 제한 또는 억제시키는 것으로 급부억제를 도모하려고 한다고 추측할 수 있다. 이러한 의미에서 말하면, 이번의 개정개호보험법은 「예방중시형시스템으로의 전환」이라기보다는 「급부억제시스템으로의 전환」이라고 말하는 편이 정확하다.(24)

동시에, 개호보험법에서 「자립지원」의 의미는 본래 요개호상태가 되더라도, 개호서비스이용을 통해 헌법25조 1항에서 말하는 「건강하고 문화적인 최저한도의 생활」(법률에서 「자립하여 일상생활」)을 영위할 수 있도록 지원하는 것에 있었음에도 그것이 언제부턴가 예방에 의해 요개호상태가 되지 않는 것, 혹은 이미 요개호상태로 된 경우에는 공적 비용이나 보험료 지출을 동반하는 개호보험서비스 이용에서 벗어날 수 있도록 지원하는 것의 의미로 바뀌어 졌다(25)(이 문제에 대해서는 종장에서 재검토). 다음 장에서는 개정개호보험의 구체적 내용과 문제점을 고찰하고 그 한계와 과제를 전망할 것이다.

---

(24) 岡崎祐司 「개호보험제도 『검토』의 분석과 비판-예방중시형시스템으로의 구조전환을 중심으로」 『임금과 사회보장』 1380호(2004년) p.18도, 이번의 재검토는 급부억제로의 「방향전환」이고, 「개호의 사회화」를 희망하여 개호보험제도에 찬성한 시민에 대한 약속위반임.

(25) 八田和子 「개호보험제도개혁에서의 『자립지원』의 정책적 합의」 『사회문제연구』 54권 2호(2005년) p.73도, 「예방중시형시스템으로의 전환」 내에서 강조되어진 「자립」이란, 경증대상자가 서비스에 「의존」하지 않는 것을 바라는 것이라고 지적하고 있음.

# 제4장

# 개호보험개혁과 개정개호보험법 II

제3장에서는 개정개호보험법의 성립에 이르기까지의 개호보험개혁의 배경과 경위를 살펴보고, 「예방중시형시스템으로 전환」으로 불리는 개정개호보험법의 개요와 그 기본이념의 문제점을 고찰 해 왔다. 여기에서는 보다 구체적으로 개호보험법의 내용과 문제점을 검토하도록 한다.

## 01 신예방급부의 내용과 문제점

### 신예방급부의 내용

첫째, 개정개호보험법의 주요한 내용인 신예방급부에는 문제가 있다. 이것은 종래의 「요지원」과 「요개호1」과 같은 경증의 대상자들을 새로운 급부체계에 이행시키는 것으로, 요개호인정의 2차 판정과정(시정촌 개호인정조사회의 조사판정)에서 종래의 개호상태구분 심사와 함께 고령자의 「상태 유지·개선가능성」의 관점에서 명확한 기준에 의거하여 심사를 하고, 시정촌이 개호예방이 필요한지 아닌지를 결정한다.

구체적으로 인정조사에서는 신체상태와 관련된 종래의 79개 조사항목에, 활동상황을 조사하는 3항목(「일상생활」, 「외출빈도」, 「가족·거주환경, 사회참가상황 등의 변화」)을 추가하고, 특히 활동성과 관련이 깊은 항목에 대해서는 특기사항에 기재내용을 상세하게 기술하도록 되어 있다. 또한 주치의의 의견서도 고령자의 생활기능저하의 현황 및 원인에 대해서 의학적 관점에서 기재가 가능하도록 양식을 수정하였고, 의견서의 「인지증 고령자의 일상생활 자립도」는 1차 판정 소프트에 편입되었다.(1)

신예방급부는 인지증(치매)과 말기암, 정신질환 등을 가진 자들은 제외될 전망이며, 종래의 경증 인정자의 약 70~80%(약 160만명)가 새로운 예방급부 대상자로 될 것으로 예상된다. 종래의 6개 구분의 요개호상태구분(요개호도)에서 「요지원」이 「요지원」 1과 2, 두개로 구분되고, 종래의 「요개호」가 1부터 5까지 5단계로 합쳐서 7개의 구분으로 변경되었다(그림 7). 동시에, 「요지원상태」의 정의는 「요개호상태로 될 위험성이 있는 상태」에서 「악화방지를 위해 지원이 필요한 상태」로 변경되어(개정법 7조 2항), 이 상태에 해당하는 자가 「요지원자」에 해당되며, 이를 「예방급부」라 한다(이하 「신예방급부」).

(1) 후생노동성 노건국 노인보건과·제3장주(15) p.118 참조.

○ 대상자는, 개호인정심사회에서 종래의 요개호상태구분심사와 함께 고령자의 「상태의 유지 · 개선가능성」의 관점에서 명확한 기준에 근거한 심사를 하여, 그 결과를 그대로 시정촌이 결정한다.

〈요개호인정심사회에서의 심사 · 판정흐름〉

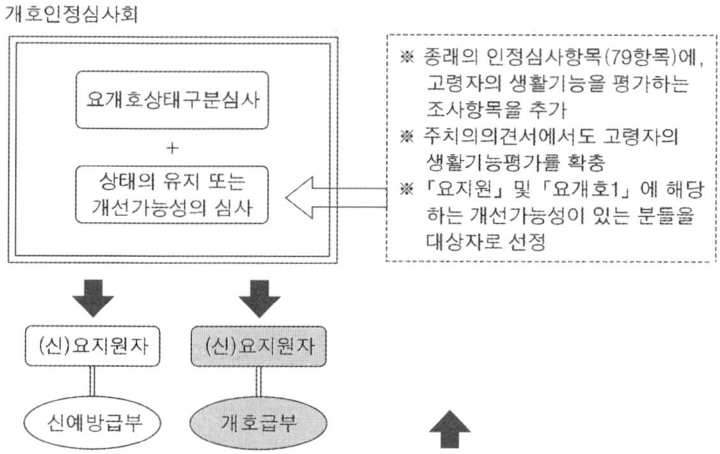


비고 〈보험급부와 요개호상태구분 이미지〉

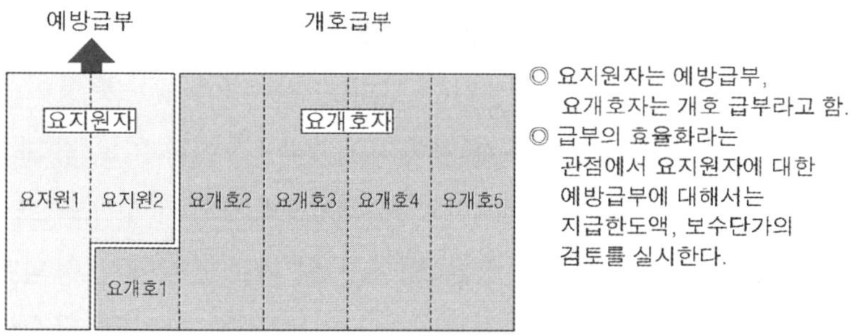


현행구분: 요지원, 요개호1, 요개호2, 요개호3, 요개호4, 요개호5

(출처) 후생노동성자료, 일부수정

그림 7. 신예방급부대상자의 결정방법

예방급부의 대상이 되는 서비스(이하, 개호예방서비스로 함)는 개호예방서비스계획작성과 같은 개호예방지원을 포함한 16개 종류로, 특별양호노인홈 등의 개호보험시설의 이용을 제외하면 기본적으로 요개호판정을 받은 요개호자의 「개호급부」서비스와 거의 같다(개호예방방문개호, 개호예방방문입욕, 개호예방방문간호, 개호예방방문재활 등). 여기에는 시정촌이 지정권한을 가지고 있는 지역밀착형개호예방서비스(개호예방인지증대응형통소개호, 개호예방소규모다기능형거택개호, 개호예방인지증대응형공동생활개호)도 포함된다.

다만, 서비스의 내용은 통소시설에서 체조나 운동기구(머신)를 사용한 근육향상트레이닝과 영양사에 의한 영양개선지도, 치과의사에 의한 구강케어가 중심이고, 개호예방거택요양관리지도 등을 제외한 서비스비용의 급부에 「후생노동성이 정한 기간」이 설정되었다(개호예방방문개호에 대한 개정법 8조의 2, 제2항 참조). 결국, 급부기간이 설정되어 있다는 것은 「후생노동성이 정한 기간」이 지나면 보험급부가 없어지고, 서비스이용은 전액 자기부담이 되는 것을 의미한다. 지역밀착형개호예방서비스도 보험급부에 의한 이용은 해당 시정촌(보험자)의 피보험자에 한정되어 있을 뿐 아니라, 얼마만큼 서비스가 정비될 지도 아직 미지수이다. 또한 개호보험서비스를 제공하는 사업자에 대해서도 개호급부의 사업자와는 별도로 도도부현의 지사가 지정하고 있다(지역밀착형개호예방서비스사업자는 시정촌이 지정).

후생노동성은 이 개호예방시책에 의해 앞으로는 개호보험 급부비의 약 20%가 감소될 것으로 기대하며, 이와 함께 개호예방대책이 어느 정도 진척된 경우에는 2012년의 개호보험료를 월 6,000엔에서 4,900엔으로 인하하려고 하고 있지만(그림 8), 후생노동성의 의도대로 개호보험급부비를 억제할 수 있을지는 상당히 의문이다. 당초부터 신예방급부의 유효성이 충분히 검증되지 않았으며(제3장의 5 참조), 신예방급부 그 자체가 다음과 같은 중대한 문제점을 가지고 있기 때문이다.

(1) 종래의 제도로 추이한 경우

○ 제3기 이후의 개호보험료는, 개호급부비의 전망과 같은 신장률(약 20~30%)로 상승할 것으로 보임

| | 2003~2005년도 (제2기) | 2006~2008년도 (제3기) | 2009~2011년도 (제4기) | 2012~2014년도 (제5기) |
|---|---|---|---|---|
| 현행제도로 예측한 경우 | 3,300엔 | 4,300엔 | 5,100엔 | 6,000엔 |

(2) 제도를 개정하여 급부의 효율화 · 중점화를 꾀할 경우

○ 급부의 효율화 · 중점화의 진전케이스에 따라, 제3기 이후의 개호보험료의 상승은 일정한도를 제거할 수 있을 것으로 보임

| | | 2003~2005년도 (제2기) | 2006~2008년도 (제3기) | 2009~2011년도 (제4기) | 2012~2014년도 (제5기) |
|---|---|---|---|---|---|
| 급부의 중점화 · 효율화 | 케이스 I | | 3,900엔 (▲400엔) | 4,400엔 (▲700엔) | 4,900엔 (▲1,000엔) |
| | 케이스 II | | 3,900엔 (▲400엔) | 4,500엔 (▲600엔) | 5,200엔 (▲800엔) |

※ 거주비용 · 식비의 검토가 2005년 이루어져 제3기의 보험료에 대해 일정정도의 인하가 예측됨

(출처) 후생노동성 자료, 일부수정.

**그림 8.** 제1호보험료(전국평균)의 검토

## 신예방급부의 문제점

우선 종래의 「요지원」, 「요개호1」 인정자의 급부를 신예방급부로 이행하여 서비스의 이용을 제한하는 것은 「피보험자의 선택」(개호보험법2조3항)권을 침해할 가능성이 있다. 당초부터 종래의 홈헬퍼(이하 「헬퍼」라고 함)에 의한 가사원조서비스(후생노동성은, 전문성을 부정하고 「가사대행서비스」라고 부르고 있음)나 통소개호(데이서비스)는 경증 대상자의 생활지원을 위해 중요한 역할을 하고 있음에도(제 3장 5참조),[2] 이러한 서비스이용의 제한이 오히려 중증화(重度化)를 진행시킬 가능성이 높다.

후생노동성의 의도는 거택급부수급자의 절반 이상을 차지하는 「요지원」과 「요개호1」에 해당하는 경증 대상자의 서비스이용을 억제시켜 보험급부비를 절감하려 하는 것이지만 이러한 형태의 급부억제는 국민의 반발을 불러일으킬 뿐 아니라, 단기적으로는 급부억제의 효과가 있다고 하더라도 중장기적으로 보면 중증화에 의해 개호보험급부나 의료비의 증대로 이어질 우려가 있다.

또한, 개정개호보험법에서는 요지원자가 다양한 종류의 서비스를 이용할 수 있는 것으로 보이지만, 요지원자의 지급한도액은 종래(「요지원」의 경우, 월 6만 1,500엔, 「요개호1」은 월 16만 580엔 단위 10엔의 표준액으로 계산, 이하 동일) 보다 낮아질 것으로 예상되어, 실질적으로 경제적 여유가 없으면 충분한 서비스의 이용을 할 수 없게 된다(한도액의 초과부분은 전액 자기부담). 결과적으로

---

(2) 후생노동성은 「생활기능을 저하시키는 가사대행형의 방문개호는 원칙적으로 시행하지 않는다」라고 명언하고 있음(「전국개호보험담당과장회의 자료」 2005년 2월 18일).

재택생활이 곤란하게 되는 사례가 속출할 것으로 예상된다.

중의원(衆議院)의 심의과정에서 요코미치(横路)의원(민주당)의「신 요지원1·2의 서비스한도액은 현행의 요지원·요개호의 수준보다 낮게 책정되어서는 안 되지 않느냐는」질문에 대해, 오쯔지(尾辻)후생노동대신(당시)은「비용의 효율화 등의 재정적 관점과 필요한 서비스내용 확보의 관점에서 적절한 수준」이라고 하는 그야말로 관료적인 답변을 하였다. 후생노동성의 기본적인 입장이 급부억제에 있는 이상, 적어도「요지원1」의 지급한도액은 종래의「요지원」보다 낮게 설정될 수밖에 없다.

게다가, 요개호인정시의 적격심사나 신예방급부의 구분도 고령자의 입장에서 보면 점점 더 복잡해지게 된다. 신예방급부의 구분은 요개호인정과 마찬가지로 시정촌의 행정처분에 해당된다고 볼 수 있지만, 어떤 의미에서는 이용할 수 있는 서비스내용을 특정화하는 것은 종래의 조치결정과 비슷하며, 그 법적 성격도 단순한 확인행위라고 말할 수밖에 없지 않겠는가(제2장 참조). 특히 지금까지 개호보험서비스를 이용하고 있던 고령자가 요지원자가 되어, 서비스의 이용이 제한되어지는 사태가 속출된다면 요개호인정의 결과나 개호도 구분을 둘러싸고 의견서를 쓴 주치의에게 불만이 분출하거나,(3) 나아가서는 시정촌의 불복제기나 행정소송에까지 이르는 케이스가 나올 것으로 생각된다. 결과적으로 이러한 반발을 우려해서「요지원1·2」의 판정이 가능한 한 나오지 않도록 하는 시정촌도 생겨날 가능성이 있다. 오히려 주민의 입장에서는 요지원자로 판정되면 충분한 서비스이용이 곤란하게 되는 점을

(3) 같은 지적으로, 池上제2장주(27) p.20 이하 참조.

명확히 하여, 가능한 한「요지원」판정이 나오지 않게 하는 것도 필요하리라고 본다.

더욱이, 개호예방서비스의 개호보수도 인하될 것으로 예상되어, 수익이 오르는 사업으로 성립될 지는 의문이며, 게다가 이용자의 50～60%가「요지원」이나「요개호1」에 해당하는 자가 차지하는 비율이 높은 사업소가 많을 것을 감안하다면, 이용자뿐만이 아니라 사업자의 경영에도 심각한 영향을 미치게 될 것이다. 또 요지원자에 대한 개호예방서비스계획을 포함한 개호예방지원도 거택개호지원사업자가 아닌 지정을 받은 개호예방사업자가(후에 말하는 지역포괄지원센터) 담당하게 되어(개정법 115조 20), 거택개호지원사업자의 경영도 힘들어질 것으로 예상하였지만, 나중에 지역포괄지원센터의 개호예방사업의 위탁기관으로써 기존의 거택개호지원사업자도 위탁이 가능하게 되어 이용자가 종전의 이용하고 있던 **개호지원전문원**에게 개호예방서비스계획의 작성을 의뢰할 수 있게 되었다(본장의 2 참조). 하지만, 개호예방서비스계획 작성의 개호보수는 통상의 개호서비스계획의 작성비(현행 1건당 8,500엔)보다 낮게 책정될 것이므로, 거택개호지원사업자의 수입 감소는 불가피하다고 말할 수 있다.

*개호지원전문원

요개호자 또는 요지원자의 상담에 응하고 요개호자 등의 심신의 상황에 맞는 각종 서비스를 제공하는 자 등과 연락조정을 취하며, 요개호자가 자립하여 일상생활을 영위하는 데에 필요한 원조에 관한 전문지식과 기술을 가지고 있으며 개호지원전문원증을 교부받은 자로 규정

### 개호보수와 지급한도액 결정의 문제

이미 신예방급부에 의한 경증 대상자의 서비스이용의 제한을 대비하여 개호서비스계획(케어플랜)에 대한 체크나「부적정」캠페인을 하고 있는 지자체도 있다. 그러나, 적어도 계획내용은 개호지원전문원과 이용자(요개호자), 가족 등과 상의를 통해 결정해야

하는 것으로, 사정이나 욕구파악에 있어서는 개호지원전문원에게 일정의 재량이 인정된다. 지자체의 계획내용에 대한 체크나 개입은 법적 구속력이 없으며, 개호지원전문인이 그것을 따를 의무도 없다. 대부분의 경우, 10% 이용자부담의 원칙이 부담이 되어 서비스이용에 제약이 따른다고는 하지만, 시정촌 등 지자체의 압력에 굴복해서 개호지원전문원이 요개호자의 「건강하고 문화적인 최저한의 생활」을 위해 필요한 서비스를 제한하는 쪽에 가담하지 말아야 할 것이다. 그것은 스스로 전문성을 부정하는 것으로 연결되며, 그러한 의미에서 개호지원전문원의 진정한 전문성이 추궁당할 수 있다.

개호보수의 개정은 2006년 4월로(2년마다 시행되고 있는 의료보험의 진료보수개정과 동시), 확정되는 것은 같은 해 1월말쯤으로 전망된다. 독일의 개호보험에서는 개호보수를 각 주의 개호금고(개호자)연합체가 사업자·시설 등과 협의해서 결정하고 개호보수계약을 체결하는 형태로 이루어지는 데에 반해, 일본의 경우는 심의회를 거친다고는 하지만 개호보수설정(개호보험 지급한도액의 설정도 같음)은 후생노동성의 재량에 맡겨져 국회나 시정촌(보험자) 등에 의한 외부의 체크가 거의 시행되지 못하는 구조로 되어 있다.[4] 다만 시정촌이 지정권한을 가지고 있는 지역밀착형 서비스는 후생노동성이 정한 기준을 상한으로 하는 운영기준과 개호보수를 시정촌 등이 탄력적으로 정할 수 있도록 하였다.

(4) 阿部·제2장주(10) p.292 개호급부한도액(지급한도액)결정이 후생대신(당시)의 의향에 맡겨져 있다고 지적함.

제2장의 3에서 본 것처럼 본래부터 국가기준의 지급한도액 등은 개개의 요개호자의 개별사유를 고려하지 않고 정책적으로 결정된 기준이라고는 하지만, 지급한도액이나 개호보수단가의 구체적인 근거를 추구해 가는 활동도 필요할 것이다.

## 02 지역지원사업과 지역포괄지원센터의 문제점

### 지역지원사업의 창설과 그 문제점

둘째로 노인보건사업이나 개호예방·상호지원사업, 재택개호지원센터운영이 통합되어 창설된 지역지원사업에도 문제가 있다.

지역지원사업의 실시주체는 시정촌으로 사업규모는 개호보험급부비의 3%(2006년도의 사업비를 근거로 약 2,000억 엔) 정도이며, 각 시정촌은 급부비의 3%를 상한으로 하여 2006년까지 지역지원사업계획을 책정하게 되어 있다.

구체적인 사업은, ① 요지원·요개호 이외의 제1호 피보험자에 관한 개호예방사업 외에, ② 포괄적지원사업으로써 허약고령자 등을 대상으로 필요에 따라 원조·조정을 행하는 개호예방매니지먼트사업, 지역고령자의 실태파악이나 개호 이외의 생활지원서비스와의 조정 등의 종합상담·지원사업, 지원곤란사례에 관한 개호전문원의 조언이나 지역의 개호지원전문원의 네트워크 만들기 등의 포괄적·계속적 지원사업을 들 수 있다. 또한, ③ 임의사업으로 가족지원사업, 개호급부비적정화사업 등이 있다(개정법 115조의 38 제1항, 2항). 학대방지를 포함한 권리옹호사업은 당초에는 ③의 임의사업이었으나 재택의 피학대고령자의 60% 가까이가 인지증(치매)고령자임을 반영하여, 중의원의 법안수정에 의해 시정촌의 필수사업으로 전환되었다(개정법 115조의 38 제1항 4호).

지역지원사업 중, ①의 개호예방사업의 재원은 현행 급부비 재원과 마찬가지로 제1호·제2호 피보험자의 보험료 및 공적 비용으로 조달되어지고, ②의 포괄적지원사업과 ③의 임의사업의 재원은 제1호 피보험자의 보험료와 공적 비용으로 조달되어진다. 또 시정촌은 지역지원사업의 이용자에 대해 이용료를 청구할 수 있다고 되어 있다(개정법 115조의 38 제4항).

지금까지 시정촌이 실시해 온 노인보건사업 및 개호예방·지역의 상호지원사업의 2004년도 예산(국비 근거)은 전자는 293억 엔, 후자는 400억 엔으로 총액은 각각 879억 엔과 800억 엔이다. 개호보험의 급부비총액의 5조 4,515억 엔(2004년도 예산)과 비교하면 상당히 적은 규모이다. 후생노동성이 말하는 것과 같이 예방의 효과가 충분히 나타나지 않는다면, 그것은 공적 비용에 의한 예방사업에 충분한 예산을 지원하지 않은 것, 예방사업과 개호사업의 연계가 충분히 이루어지지 않았기 때문일 것이다.

지역지원사업의 창설은 공적 비용으로 시행되었던 보건사업을 재택개호지원센터의 사업비도 포함된 개호보험급부에 편입한 것으로(결국, 국민의 보험료부담으로 전가되고 있다), 이것에 의해 국가의 부담은 약 300억 엔 이상 감소한다. 그러나 전체의 약 2,000억 엔 정도의 사업비로 개호예방사업에서 가족개호자의 지원사업까지 여러 방면에 걸친 지역지원사업을 모두 시행하는 것은 불가능에 가깝고,(5) 임의사업은 물론 필수사업인 개호예방사업이나 권리옹호사업에서도 실효성 있는 사업을 행할 수 있다고는 생각되지 않는다.

무엇보다, 지역지원사업을 확충하려고 한다면 개호보험료의 인상이 필요하다. 노인건강진단이나 **성년후견제도이용원조사업** 등을 포함한 이러한 사업은 본래 공적 비용으로 충당해야 하며, 보험제도로 강제로 편입시키는 것은 문제가 있다.

*성년후견제도이용지원사업

2001년부터 실시된 후생노동성의 사업으로, 성년후견제도의 이용에 필요한 비용을 전부 또는 일부를 조성하는 사업으로, 이용대상은 개호서비스를 이용하는 혹은 이용하려고 하는 자로 친인척이 없는 중증의 치매노인, 시정촌장이 후견 등의 심판에 이의를 제기할 필요가 있는 경우, 후견인 등의 보수 등 필요한 경비의 일부에 대해 조성을 받지 않으면 성년후견제도의 이용이 곤란한 자가 해당됨

### 지역포괄지원센터의 창설과 그 문제점

한편, 지역지원사업의 지역포괄지원사업이나 그 밖의 후생노동성령이 정하는 사업을 실시하기 위해, 시정촌은「지역주민의 심신의 건강유지 및 생활의 안정을 위해서 필요한 원조를 실시함으로써 보건의료의 향상 및 복지증진을 포괄적으로 지원하는 것을 목적으로 하는 시설」로 지역포괄지원센터를 설치할 수 있다(개정법 115조의 39 제1항, 2항).

지역포괄지원센터의 직원체제는 보건사 또는 경험이 있는 간호사, 주임개호전문원, 사회복지사의 3명 체계가 기본으로 되어 있지만, 모든 시정촌이 인재를 확보하여 직영으로 운영할 수 있다고는 생각되지 않는다. 그것을 예측했는지 각각 그에 준하는 전문자격을 가진 자라도 가능하게 하는 경과조치가 마련되었다. 수적으로는 대략 인구 2~3만 명에 1개소, 전국 5,000~6,000개소의 설치가 상정되고 있다(그림 9).

---

(5) 같은 지적으로, 石川満「개호보험제도 재검토의 현황과 과제-사람이 사람이기 위해서는」『월간보단연』854호(2005년) p.6 이하 참조.

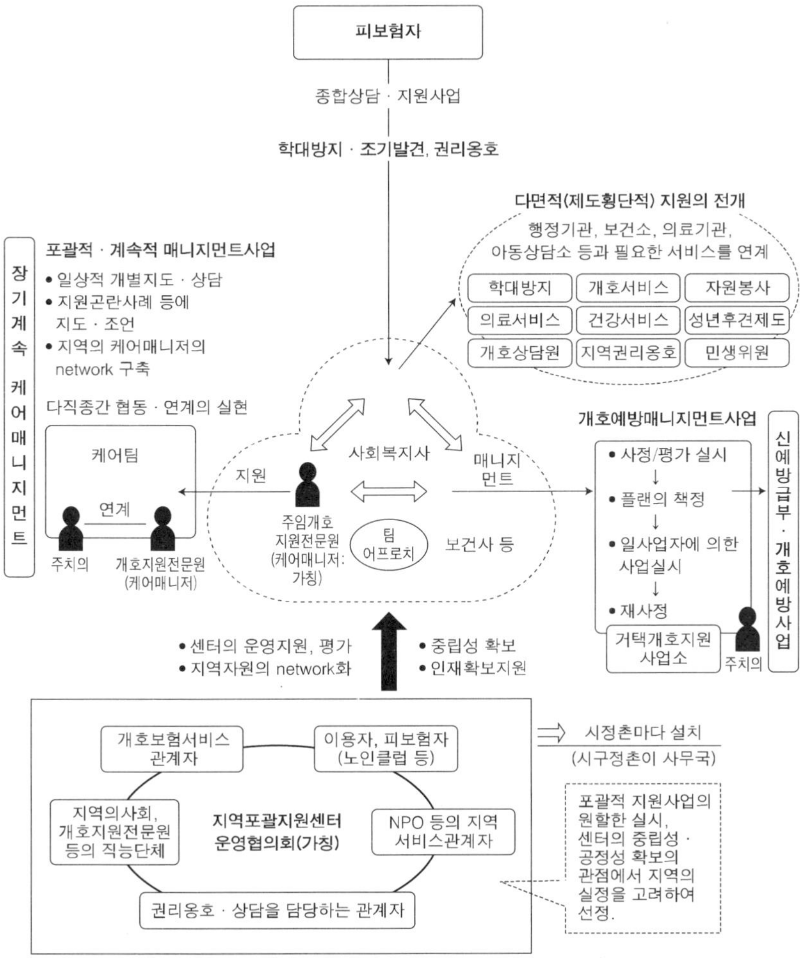


(출처) 후생노동성자료, 일부수정

그림 9. 지역포괄지원센터(지역포괄케어시스템)의 이미지

또한, 시정촌은 포괄적지원사업의 실시를 종래의 노인개호지원센터의 설치자와 그 밖의 후생노동성령이 정하는 자에게 위탁할 수 있다(개정법 115조 40 제 1항). 어쩌면 많은 시정촌에서는 지역포괄센터의 설치를 시정촌 직영이 아닌 재택개호지원센터(기간형) 등에 위탁하는 형태가 중심이 될 것으로 예상된다. **재택개호지원센터**는 원래 **신골드플랜**의 정비목표로 인구 1만 명당 1개소, 전국에 1만개소의 설치를 목표로 하였지만 전국 8,900개소에 그쳤다. 그리고 이번 개혁으로 재택개호지원센터가 지역포괄지원센터로 5,000개소 정도 재편(사실상 통폐합)될 가능성도 있다. 특히 위탁을 받지 않는 지역형의 재택개호지원센터는 앞서 말한 바와 같이, 실제로 정부로부터의 보조가 중단되기 때문에 지자체가 단독으로 보조하지 않는 한 소멸될 우려조차 있다.

＊재택개호지원센터

고령자나 가족의 입장에서 상담을 하고, 필요한 보건·복지서비스를 이용할 수 있도록 행정기관, 서비스제공기관, 거택개호지원사업소 등과 연락조정을 취하는 역할을 담당하는 기관

＊신골드플랜

고령사회에 대비하여 1989년에 책정된 고령자보건복지추진10개년전략(골드플랜)에서는 다양한 서비스 확보량의 목표치가 설정되어 있었으나, 당초의 예상보다 고령화가 진행되자 1994년 전면적으로 수정된 신골드플랜이 책정되었으며, 2000년 새로운 개호보험제도의 도입 등 새로운 수요에 대응하기 위해 신골드플랜이 종료된 1999년에 새롭게 책정한 것이 골드플랜21임

더구나, 후생노동성령에서는 지역포괄센터의 기능을 중립·공정·효율성을 수행하는 관점에서 기존의 사회복지법인뿐만 아니라, NPO법인이나 공익법인을 설립하고 사업을 위탁하는 것과 같은 방법도 검토하고 있다.(6) 더욱이 지역포괄센터에서는 포괄적 사업의 개호예방매니지먼트와 개호예방지원의 업무를 행하게 되지만, 후생노동성은 후자의 개호예방지원사업의 위탁기관을 점차 확대해 나가고 있다. 즉, 앞에서 말한 바와 같이 기존의 거택개호지원사업자에게 위탁도 가능해져, 종래의 중립성·공평성의 관점에서 문제가 있다고 제기해 왔던 거택개호지원사업자가 개호예방사업을 행하는 경우라도(다시 말해, 서비스 제공 사업자를 겸

(6) 후생노동성은 지역포괄지역센터의 위탁요건에 대해 시정촌의 지역실정에 따라서 탄력적으로 대응할 수 있도록 설정한다고 하고 있음(「전국개호보험담당과장회의자료」 2005년 6월 27일).

하는 경우), 지역포괄지원센터운영협의회에서 중립성·공평성을 체크할 수 있다면 위탁 가능하도록 되어 있다.(7)

그러나, 지역포괄지원센터의 설치는 원래 시정촌(보험자)의 기능강화의 일환으로 내세웠던 것이며, 공평성이나 중립성의 관점에서 시정촌 직영이 원칙이고, 위탁하는 경우도 공공성이 높은 법인에게 위탁되어야 하는 것으로, 최종적인 운영의 책임은 시정촌에 있다. 그럼에도 불구하고, 이대로는 공적 책임이 애매하게 된 채, 지역포괄센터의 업무를 민간에 전부 맡기는 곳도 다수 생겨날 것으로 예상되며(더구나, 지금까지 공적으로 시행했던 보건업무가 포괄적 예방사업의 명목으로 민간에 전부 맡겨지게 됨), 공적 책임은 한층 더 축소될 것으로 우려된다.

## 03 시설급부의 재검토와 시설입소자 등의 부담증가

### 시설급부의 재검토

세 번째는 시설급부의 재검토로 그에 따른 시설입소자의 부담증가문제이다.

개호보험제도의 시행 이후 재택개호의 부담은 경감되지 않고(저소득자의 경우에는 오히려 부담이 증대),「재택중시」의 이념과는 정반대로 시설지향이 강해지고 있다. 특히, 특별양호노인홈(개호노인복지시설)은 개호보험법 시행 이후 입소대기자가 급증하

(7)「전국개호보험담당과장회의자료」(2005년 8월 5일)「신예방급부의 케어매니지먼트업무의 흐름, 위탁에 대해서(문답집)」에 의함.

여, 후생노동성의 발표로는 2004년에 약 34만 명이었다.

2003년도 개호보수개정에서 특별양호노인홈의 개인실화를 진행하는 한편, 개인실 입소자로부터 월 5만 엔 정도의 거주비(호텔코스트)를 새롭게 징수하는 등, 시설입소자의 자기부담을 증가시켜 시설을 선호하는 것을 방지하려는 시책이 전개되고 있다. 의료기관에의 입원에 대해서도 2002년도 4월 진료보수개정으로 180일을 넘는 입원기본료의 특정의료비화를 시행하여(단, 중증의 지체부자유자나, 15세 미만의 환자 등에는 적용 제외), 월 6~7만엔 정도 부담이 증가하여, 저소득 환자가 어쩔 수 없이 퇴원하는 사례가 증가하고 있다.(8) 또한 앞서 말한 바와 같이, 개호보수개정에서는 전반적으로 요개호도가 낮을수록 개호보수도 낮아져, 특별양호노인홈이나 **개호요양형의료시설**에서는 요개호도가 낮은 요개호자의 입소는 거의 불가능해졌다. 개호요양형의료시설은 거의 대다수가 「요개호4·5」의 입소자가 차지하고 있는 실정이다.

*개호요양형의료시설

개호보험시설의 하나로 주로 급성기 의료를 행하는 병원의 치료는 마쳤지만 좀더 병원에서의 요양이 필요한 자가 이용대상이 되는 시설이나 2006년 의료제도개혁관련법안에 따르면 2012년까지 폐지될 예정임

그리고, 개정개호보험법에서는 종래의 시설서비스가 주거비·식비 등을 포함하고 있어, 한 사람당 급부금액이 많고 상대적으로 저렴하기 때문에 이용이 증가한다라는 인식 하에, 「재택과 시설의 부담불균형」을 해소하고, 동시에 개호보험급부를 「개호」의 부분에 중점화한다는 명목으로,(9) 개호보험시설의 식비·거주비를 보험급부에서 제외하는 내용의 개정이 행해졌다(개정법 48조 1항).

이 개정은 2005년 10월부터 실시되어(이하 「10월 개정」이라 함), 개호보험시설의 개인실 입소자뿐만 아니라 입소자 모두에게

(8) 이점에 대해서는 伊藤·제2장주(42) p.233 참조, 또는 제5장 5참조.
(9) 후생노동성 노건국 개호보험과·제3장주(1) p.103 참조.

거주비를 징수하고 식비를 부담하도록 하고 있다.(10) 정책적으로는 시설입소의 부담증가를 통해 시설을 선호하는 인식에 제동을 거는 동시에 개호보험급부비의 억제를 노렸다고 할 수 있다. 즉, 2005년도 예산으로는 개호보험급부비의 전체에서 약 1,300억 엔(국고부담의 약 420억 엔) 경감이, 평년도 기준으로 약 3,000억 엔(그 중에 국고부담 1,000억 엔)의 삭감, 개호보험료는 월평균 200엔 인하가 예상되고 있다.

### 10월 개정의 내용

구체적인 개정내용을 보면, 우선 개호보험시설, 단기입소(단기입소생활개호·단기입소요양개호) 유형이, ① 유니트형개인실, ② 유니트형준개인실 ③ 종래형개인실 ④ 다인실(多床室)의 네 유형으로 구분되고, 이러한 형태 시설에서 거주하게 되는 경우는 「거주에 관한 비용」이 개호보수에서 공제된다. 다만, 2005년 9월 30일 이전부터 이전형태의 개인실에 입소한 자라도 과거 1개월간(입소기간이 1개월에 달하지 않을 시에는 그 기간) 특별한 입실료를 지불하지 않은 경우는, 당분간 다인실의 개호보수가 적용되고, 2005년 10월 1일 이후에 이전형태의 개인실에 입소하는 자라도, ① 감염질환 등으로 이전 형태의 개인실에 입소가 필요하다고 의사가 진단한 사람(개인실의 입소기간이 30일 이내), ② 거실의 면적이 일정 이하(특별양호 노인홈에서 10.65$m^2$, 개호노인보건시설은 8$m^2$

(10) 다만 개호보험법 실시일(2000년 4월 1일)전에 시정촌의 조치에 의한 특별양호노인홈에 입소해 있던 구 조치입소자(약 6만8천명, 특별양호노인홈 입소자 약 20%)에 대해서는 개호보험법시행법이 개정되어 2010년까지 5년간 이용료와 식비의 합계가 법시행 전의 비용을 초과하지 않도록 부담경감조치가 연장되었음.

개호요양형 의료시설 6.4m$^2$) 인 경우, ③ 정신질환 등에 의해 다인실에서 다른 이용자의 심신 상태에 중대한 영향을 미칠 우려가 있어 이전 형태의 개인실에 입소가 필요하다고 의사가 판단한 경우에는 이용자의 부담이 적은 다인실의 개호보수가 적용된다.

또한, 개호보험시설의 경우, 종래의 기본식사서비스(1일 2,120엔)에는 식재료비의 상당부분이 이용자의 표준부담(1일 870엔, 주민세비과세 세대등의 저소득자는 1일 500엔)으로 설정되어 조리비용과 영양관리비가 포함되어 있었지만, 법 개정에 의해 이 기본식사서비스가 폐지되고 영양관리체계가산(관리영양사 배치가산으로 1일 120엔)과 영양매니지먼트(1일 120엔)가 신설되었다(이외에도 경구이행가산 1일 280엔, 요양가산 1일 230엔도 신설). 통소개호·통소 재활에서는 식사제공가산(1일 390엔) 이 폐지되었다(동일한 정도의 금액이 이용자의 자기부담으로 변경되었다.)

공제·폐지된 비용은 시설이용자의 부담이 되는데, 구체적인 금액은 시설과 이용자와의 계약에 의해 결정된다. 표준적인 케이스로 보면 경감대상이 되지 못하는 제4단계 이상의 소득단계(후술)의 이용자인 경우, 식비의 기본비용은 1일 1,380엔(1개월 4.2만엔), 거주비는 다인실의 경우 월 1만엔, **유니트형**은 월 6만 엔이며, 이것에 10%의 이용자 부담액을 더하면 특별양호노인홈의 개인실 입소자는 월 13만 엔 정도를, 다인실 입소자는 월 8.1만 엔을 부담하게 된다. 그리고, 개인실 입소자는 월 2.1만~3.1만 엔, 다인실 입소자는 2.5만 엔 정도의 부담이 증가하게 된다(그림 10).

*유니트형케어

특별양호노인홈이나 개호노인보건시설 등에서 입소자 전체를 집단적으로 케어하는 것이 아니라, 장애정도나 자립도에 따라 몇 개의 소수 그룹으로 나눠 케어하는 형태로 2002년에 제도화됨

[2005년 9월 이전] ⇒ [2005년 10월~]

| 개정 후의 이용자 부담단계 | 이용자 부담계 | 10% 부담 | 거주비 | 식비 |
|---|---|---|---|---|
| 제1단계<br>예) 생활보호 수급자 | 2.5<br>(4.5–5.5) | 1.5 | –<br>(2.0–3.0) | 1.0 |
| 제2단계<br>예) 연금 80만 엔 이하의 자 | 4.0<br>(7.0–8.0) | 2.5 | –<br>(3.0–4.0) | 1.5 |
| 제3단계<br>예) 연금 80만 엔 초과 266만 엔 이하의 자 | 4.0<br>(7.0–8.0) | 2.5 | –<br>(3.0–4.0) | 1.5 |
| 제4단계 이상<br>예) 연금 266만 엔 초과한 자 | 5.6<br>(9.7–10.7) | 3.0<br>(3.1) | –<br>(4.0–5.0) | 2.6 |

| 개정 후의 이용자 부담단계 | 이용자 부담계 | 1% 부담 | 보험 외 거주비 | 보험 외 식비 | |
|---|---|---|---|---|---|
| 제1단계 | 2.5<br>(5.0) | 1.5 | 0<br>(2.5) | 1.0 | 이용자부담의 상한을 설정 |
| 제2단계 | 3.7<br>(5.2) | 1.5 | 1.0<br>(2.5) | 1.2 | |
| 제3단계 | 5.5<br>(9.5) | 2.5 | 1.0<br>(5.0) | 2.0 | |
| 제4단계 이상 (참고) 표준적인 서비스 | 8.1<br>(12.8) | 2.9<br>(2.6) | 1.0<br>(6.0) | 4.2 | (이용자와 시설의 계약으로 설정) |

(주1) 표안의 ( )는, 유니트형 개인실의 경우
(주2) 요개호5 · 갑지의 케이스
(주3) 개정 후의 이용자부담단계의 제1~3단계는, 개정 후의 보험료단계의 제1~3단계에 해당함. 이용자부담단계의 제4단계는, 보험료단계의 제4단계 이후에 상당
(주4) 「예」에는 수입이 연금만으로, 이외에 과세하는 수입이 없는 케이스를 기재함
(주5) 이용자부담 제4단계 이상(시정촌주민세과세층)에서도, 고령부부 2인이 살 경우, 한 사람이 개인실을 사용하는 경우로, 남은 배우자의 수입이 80만 엔 이하로, 예금 · 저축이 450만 엔 이하 등, 일정의 경우에는, 해당세대에 대해 제3단계로 간주하여 보충급부를 적용
(주6) 조세개정으로 인한 이용료의 상승은, 고령자의 주민세비과세한도액의 폐지에 관련된 지방세법상의 격변완화조치 대상자 중,
(1) 이용자부담단계가 2단계 상승하는 자에 대해서는, 상승의 1단계에 머무르도록 격변완화조치를 강구하도록 하고,
(2) 이용자부담단계가 1단계 상승하는 자에 대해서는, 사회복지법인의 감면조치를 적용하여, 그 부담경감을 꾀하도록 검토

(출처) 후생노동성자료, 일부수정

그림 10. 특별양호노인홈의 입소자의 이용자부담의 변화(단위: 만엔/월)

## 저소득자의 보충급부

이러한 시설입소자의 부담증가에 대한 격변완화조치로써 저소득자에 대해 특정입소자개호서비스비(보충급부)가 신설·지급되어(개정법 51조 2), 부담의 경감을 도모할 수 있다. 보충급부의 대상자는 개호보험료의 소득단계 중 저소득단계 1단계에서 3단계에 해당하는 자로, 1단계는 시정촌**주민세**비과세의 노령복지연금수급자와 생활보호수급자 및 경계층해당자(원래 적용해야 하는 식비·거주비등을 적용하면 생활보호를 필요로 하게 되지만, 보다 부담이 적은 기준을 적용하면 생활보호를 필요로 하지 않는 상태의 사람, 이하 같음), 2단계는 시정촌주민세세대비과세로 합계소득금액에 연금수입을 가산하여 연간 80만 엔 이하의 자 및 경계층해당자, 3단계는 시정촌주민세세대비과세이고, 2단계 해당자 이외의 자와 경계층해당자이다(그림 10).

*주민세

일본의 세금 중, 도도부현의 주민세와 시정촌의 주민세를 합쳐서 가리키는 용어로 개인에 대한 도도부현 주민세와 시정촌 주민세는 지방세법에 근거하여 시정촌이 일괄징수하도록 하고 있음

보충급부의 급부액는 각각의 소득단계에 따라 마련된 부담한도액과 후생노동대신이 정하는 기준비용액과의 차액이 된다. 해당되는 경우에는 신청하면 개호보험의 피보험자증과는 별도로 이용자에 대한 부담한도액과의 유효기간이 기재된 「개호보험부담한도인정증」이 교부된다. 사업소의 창구에서는 이 인정증으로 부담한도액을 확인한다. 보충급부의 지급은 개호보수와 마찬가지로 이용자를 대신하여 시설측이 보험청구를 하게 되어 있다.

그렇지만, 신설의 2단계는 2006년도 이후 개호보험료단계에 해당되어지는 제도이기 때문에, 현 시점에서 입소자는 자신이 2단계에 해당하는지 어떤지를 알지 못하며, 보험자(시정촌)에 의한 대상자 파악과 신청장려가 불가피하다(그러나, 시정촌에 의한 신청

권장은 종이 한 장의 통지로 끝나며 결국은 담당 개호지원 전문인이 설명하러 돌아다니는 경우가 많음). 또한, 이와 함께 사회복지법인에 의한 이용부담경감제도가 3단계 중 특히 생계가 곤란한 자와 시정촌이 인정한 자에게도 확대되었지만, 저축금이나 자산, 더욱이 부담능력이 있는 친족 등에 부양되지 못하는 이유 등을 신고할 필요가 있는 데다가, 감액비율도 1/4이 원칙으로 전액면제는 폐지되었다. 또한, 2005년도의 조세개정에 의해 시정촌주민세비과세자에서 과세자가 된 사람은 2006년·2007년도의 이용자 부담단계·보험료 단계에 격변완화조치가 취해졌다.

단, 아무리 경감되더라도 저소득자의 개인실에 입소가 곤란한 것에는 변함이 없다(연금만으로는 입소가 가능하지 않음). 더욱이, 개호보험시설과 함께 의료보험적용의 요양병상 등에도 거주비·식비를 보험급부에서 제외하여 입원환자의 거주비·식비부담이 증가하는 것은 거의 확실하다고 말할 수 있다(2006년 10월부터 실시예정, 제5장의 5참조).

### 시설입소자의 부담증가를 둘러싼 문제

시설급부재검토(보험적용 제외)가 제기된 것은 후생노동성의 「재택과 시설의 부담불균형」의 논리, 즉 재택에서는 식비·주거비가 소요되기 때문에 시설에서도 징수하는 것이 공평하다는 논리는 혼자서 살고 있는 사람이 자택을 처분하고 시설에 입소하는 경우에 한정된다. 이 경우 외에, 예를 들면 고령자 부부 중 한 사람이 시설에 입소하고, 한사람은 재택에 살고 있는 경우에는 시설의 거주비부담이 별도로 필요하고, 식비도 가계의 이중화로 여분의

지출이 강요되는 때문에 전액 자기부담이 당연하다고는 말 할 수 없다.(11)

개호보험제도 하에서 시설을 선호하는 경향이 증가하는 것은 요개호자의 중증화나 경제적 부담 등으로 인한 재택개호의 곤란함이 그 원인이다. 더욱 상세히 보면, 10%의 이용자부담이 도입됨으로써 종래의 조치제도 하에서는 무료나 저렴한 금액으로 서비스 이용이 가능했던 저소득자나 많은 고령자의 서비스 이용을 억제하고, 요개호자의 서비스양을 요개호도가 아닌 본인(세대)의 지불능력으로 결정하는 계층화된 개호시스템이 구축되고 있다.

또한, 개호보험에서는 요개호도에 따라 보험급부에 지급한도액이 설정되어, 많은 서비스를 필요로 하는 중증의 요개호자일수록 보험이 적용되지 않는 서비스가 대량 발생하여 많은 자기부담이 필요하게 된다. 특히, 지켜보기 등이 필요한 인지증(치매)고령자나 가족개호력이 저하되고 있는 「노노개호」세대 등은 필요한 서비스를 충분히 이용할 수 없게 되는 사례가 많아지고 있다. 재택개호의 경제적 부담의 경감이나 보험급부수준의 인상 등 이러한 문제가 해결되지 않는 한, 시설입소에 대한 자기부담을 증가시키더라도 결국, 저소득자나 요개호도가 낮은 개호자는 시설입소가 곤란해지고, 이들이 재택으로 쫓겨나 생활파괴나 가족개호자의 부담을 높일 뿐이다. 이러한 것은 고령자의 고독사나 개호부담으로 인한 가족동반자살 등을 증가시킬 우려가 있다.

동시에 개호보험시설도 입소자의 부담금이 체납되는 등의 문

---

(11) 里見賢治「개호보험은 선구자인가? 미완성의 개호보험」『사회복지연구』92호 (2005년) p.7 참조.

제에 직면하게 되어, 양심적인 시설일수록 운영에 압박을 받게 될 것이다.(12) 조치제도 하에서는 징수의무를 시정촌이 담당하고 있었는데 이러한 의무에서 벗어난 시정촌의 대응은 늦어질 수 있으므로 시정촌에 식비 등의 독자적인 보조를 실시하게 하는 등의 대처가 필요하다(이미 동경의 치요다구 등에서는 2005년 10월부터 부담증가를 완화하기 위해 통소개호의 식비지원을 시행하고 있음). 또한, 시설입소자의 부담경감을 도모하고 저소득자라도 개인실 입소가 가능하도록 공적 비용을 투입하는 등의 보조장치를 설치할 필요가 있다. 그렇지만 후생노동성의 10월 개정은 법 개정에 따른 기계적인 개정으로 2006년 4월에는 제도의 평가도 포함하여,(13) 전면적 개정이 이루어질 것으로 예측된다.

## 04 개호노동자의 노동조건문제와 서비스의 질 확보 · 향상

### 개호노동자의 노동조건문제

네 번째로, 개호보험법 하에서 헬퍼 등과 같이 실제 개호서비스를 담당하는 개호노동자의 노동조건악화와 저임금·불안정 고용화가 급속하게 진행되어, 개호서비스의 질 저하로 이어지고 있는 것이 문제이다. 그러나, 개정개호보험법에서는 사업자의 규제강화라는 개정은 이루어졌지만, 개호노동자의 노동조건 개선을

(12) 지원비제도 하에서 각종 시설이 안고 있는 이용자부담의 미납·연체금증대의 문제에 대해 渡辺裕幸「사회복지업계와 복지서비스계약서」『임금과 사회보장』 1369호(2004년) p.27 이하 참조.

(13) 후생노동성 노건국 노인보건과 제3장주(15) p.119 참조.

위한 구체적인 방책은 포함되어 있지 않다.

개호보험법 실시 이후, 많은 지자체에서 지자체 직영이나 위탁방문개호사업의 축소나 폐지, 구조조정을 통한 인력축소 및 상근직원의 비상근화가 진행되는 등, 개호노동자의 노동조건은 급속히 악화되고 있다. 현재 헬퍼의 약 90%가 비상근노동자라고 말할 수 있으며, 그것도 대부분이 교통비조차 나오지 않는 등록헬퍼로, 노동조건의 열악함이 사회문제화되고 있다. 헬퍼의 노동내용도 어느 한 부분에 치우쳐 있고, 노동의 매뉴얼화는 헬퍼의 노동 의욕을 상실시켜, 과중노동과 열악한 노동조건 때문에 2~3개월로 그만두는 헬퍼가 뒤를 잇는 등 헬퍼의 교체가 더욱 더 잦아지고 있다.(14)

많은 사업소에서 헬퍼의 임금, 노동시간 등 법률로 정해져 있는 노동조건이 보장되지 않고 있으며, 특히 등록헬퍼의 경우 사업자와 준위임계약이라는 해석에서 노동자재해보상보험도 적용되지 않는 사례도 많이 나타나고 있다. 이러한 가운데, 헬퍼의 노동조합도 만들어지게 되자, 후생노동성도 2004년 8월 27일에 「방문개호노동자의 법정 노동조건의 확보에 대해서」(후생노동성 노동기준국 제0827001호통지) 라는 제목으로 통지를 내려보냈다. 여기에서는 등록헬퍼나 비상근헬퍼를 포함해 개호보험법률에 근거한 방문개호 사업 등에서 일하는 노동자에게는 노동기준법을 적용하고, 이동시간, 대기시간, 업무보고서의 작성시간 등은 노동시간이며 임금을 지불하지 않으면 안된다는 것을 명시했다(가장 당연한 내용을 통지라는 행정절차를 통해 하지 않으면 안될 정도로 현장

(14) 예를 들어 최근 개호노동안정센터의 조사에 의하면 개호노동자 중 79%가 취로 3년 미만, 46%가 1년 미만, 특히 등록헬퍼의 이직율이 높고 53%가 1년 미만이다. 헬퍼 등의 개호노동자의 노동조건문제에 대해 伊藤제2장주(42) p.131 이하 참조.

의 헬퍼는 열악한 노동조건과 무권리 상태에 처해 있음). 그렇지만, 이 통지의 내용을 실현하기 위해서는 현실을 반영한 개호보수 인상 등이 필요하지만, 이것이 이루어지지 않은 채 사업자의 노력에만 맡겨져 있기 때문에, 헬퍼의 노동조건은 개선되지 않고 헬퍼의 확보자체가 어려운 지역도 출현하고 있다.

헬퍼뿐만 아니라 종래에는 공무원에 준하는 대우를 받았던 사회복지법인 운영시설의 직원의 경우도 개호보험제도 하에서는 시설경영의 불안정화로 직원 수의 삭감과 비상근화가 진행되고 있으며, 남아 있는 직원도 **임금cut**나 과중한 노동에 처해 있다. 이러한 개호노동자의 노동조건의 악화와 과중노동화는 필연적으로 서비스의 질 저하로 이어져, 현장에서는 사고나 학대 등이 빈번히 발생하고 있다. 2005년 11월에 일어난 이시카와현(石川県) 그룹홈 직원에 의한 이용자학대사건을 보면 알 수 있듯이(직원은 아르바이트이고 실제 월 수입은 약 12만 엔으로, 야근시에는 12명의 인지증(치매)고령자를 혼자서 담당), 민간기업 등의 다양한 사업자의 참여와 효율적 서비스 제공이라는 명목 하에 경쟁이 「서비스 질을 확보하고 그 향상에 이바지한다」[15]는 개호보험추진론자들의 주장은 현실에 의해 반증되고 있다.

*임금cut

노동자가 노동계약에 근거한 노무제공에 불이행이 있을 경우에 사용자가 임금에서 노무부제공한 금액을 공제하는 것을 의미함

개호보험제도의 꽃이라고 불리는 개호지원전문원의 경우도, 개호보수(재택개호서비스비 등)가 낮아 임금수준도 낮게 책정되어 있고, 재택개호지원사업자도 충분한 인원배치를 할 수 없어 겸직하는 경우가 많아졌다. 게다가 운영기준을 위반한 경우 30% 감액 등 시설에 대한 관리·감독이 더욱 더 엄격해지는 한편, 각종의

(15) 西村제2장주(25) p.316.

조사에서는 많은 개호지원전문원이 늘 야근을 하는 등 이들이 장시간·과중한 노동을 하고 있는 것을 알 수 있다.(16)

### 개정개호보험법에서 보는 서비스 질의 확보 · 향상과 그 한계

개정개호보험법에서는 서비스 질의 확보·향상이라는 측면에서, ① 정보개시의 표준화, ② 사업자규제의 재검토, ③ 케어매니지먼트의 적정화와 같은 내용의 개정이 추진되고 있다.

구체적으로 보면, ① 정보개시의 표준화로 그룹홈 등에서 의무적으로 실시되었던 개호서비스 내용이나 운영현황에 관한 정보의 보고 등의 공표를 모든 개호서비스사업자에게 의무화하고 있다(개정법 115조29). 개호서비스사업자가 소재지의 도도부현지사에게 개호서비스정보를 보고하고, 도도부현의 지사가 해당 정보내용을 공개하는 것으로 되어 있으며(연 1회 정도), 확인을 요하는 정보에 대해서는 도도부현지사가 조사 등을 실시하도록 하고 있다.

② 사업자 규제의 재검토는 지정의 결격사유로 인해 지정취소로부터 5년을 경과하지 않은 자(지정취소 절차 중에 스스로 사업을 폐지한 자도 포함), 5년 이내에 개호보험서비스와 관련하여 부정 또는 현저하게 부적당한 행위를 한 자 등을 포함하거나(개정법 70조 2항), 사업자의 지정에 갱신제(6년마다)를 마련하는 것 등이 규정되었다(개정법 70조 2항). 이러한 사업규제강화의 필요성은 개인적 의견으로도 제언 한 적이 있는데,(17) 늦은 감은 있지만 평가할 만하다. 다만 후생노동성의 의도는 서비스 질의 향상이라기보다 개호보수의

(16) 개호지원전문원의 실정에 대해서 伊藤제2장주(42) p.98 이하 참조.
(17) 伊藤제2장(42) p.220 이하 참조.

부정청구의 증가 등에 위기감을 느낀 규제의 강화라고 생각된다.(18)

③ 케어메니지먼트의 적정화는 본장2에서 살펴본 바와 같이, 요지원자에게는 지역포괄지원센터에서 일괄적으로 개호예방매니지먼트를 실시하도록 하는 내용을 담고 있다(개정법 115조 38, 115조 39). 또한, 개호지원전문원이 법제화되면서(개정법 7조 5항) 개호지원전문원의 자격갱신제(5년간) 도입(개정법 69조의 7 제3항), 자격갱신을 위한 연수(도도부현지사가 실시)의 의무화(개정법 69조8), 책임규정의 정비와 명의를 빌리는 등의 부정행위에 대한 대책 강화(개정법 69조 34, 69조 39) 등이 규정되었다. 정성령(政省令)·고시사항으로써는 이중지정제도의 도입이나 주임개호전문원의 창설, 담당사례 수의 재검토, 독립성 및 중립성의 확보라는 관점에서 개호보수·지정기준이 재검토되었다.

그 가운데, 개호지원전문원 한 사람의 담당사례 수의 재검토는 종래의 50명에서 30명 정도로 변화될 것이라 생각하지만 이에 따른 거택개호지원의 개호보수인상금액은 불투명하다. 개인적으로는 개호지원전문원이 담당하는 케이스 수의 상한을 30명으로 하면, 독립성 및 중립성의 확보를 위해서는 개호보수를 1건당 1만 5,000엔에서 2만 엔 정도로 올릴 필요가 있다고 생각되지만(앞서 말한 바와 같이 종래는 8,500엔), 개호보수의 대폭적인 인상은 개

(18) 예를 들면 후생성노동성 노건국 진흥과 「개호서비스사업 등의 현황과 문제」 『주간사회보장』 2344호(2005년) p.112에서는, 2004년 12월까지 부정청구나 기준위반에 위한 지정취소 등 폐지신고를 낸 사업자는 180개소로(영리법인 116개소, 의료계 21개소 등), 최근에는 더욱 늘어나고 있다. 보험료와 공적 비용을 재원으로 한 요개호고령자 등의 생활을 지원하는 개호서비스의 공공성 등에 비추어 보면 개호서비스사업자에 대해서는 적절한 행동규범이나 경영모델의 확립이 요구되어지고 있음.

호보험료의 인상으로 이어질 수 있기 때문에 급부억제를 기본방침으로 하는 후생노동성이 단행하리라고는 생각되지 않는다(오히려 2006년의 개호보수개정에서는 인하조차 염려됨). 결국, 이대로 가면 개호지원전문원의 급여는 낮게 책정되어진 채, 의무로써의 연수나 통제만 강화되는 사태가 예상되며,(19) 장래에는 개호지원전문원의 확보조차 용이하지 않을 것이다.

개정개호보험법에서는 서비스의 질 확보와 향상을 위해서라고 말하고 있지만, 시급하게 개선이 필요한 헬퍼 등의 열악한 노동조건의 실태에는 등을 돌리고 있다. 한편, 후생노동성은 헬퍼의 기초자격을 **개호복지사**로 일원화할 계획이며 경과조치로 500시간의 개호직원기초연수도입을 결정했다. 그러나 개호보수체계의 개혁이나 인원배치기준의 인상 등이 이루어지지 않는 이상, 아무리 정보개시를 의무화하고 개호지원전문원의 책무나 헬퍼의 자격제도를 강화하더라도, 결국 안심할 수 있는 서비스제공은 어려워지고, 저임금의 희생적 노동에 의존하는 구조에는 변함이 없다. 이러한 구조에는 한계가 있어 인재확보에 곤란을 겪게 되는 등 파탄을 맞이할 수 있다(최근에는 그것을 예상했는지 외국인을 개호인력으로 활용하려는 움직임도 있지만 개호노동조건의 개선이 선결되어야 함).

*개호복지사

개호복지사는 심신과 정신의 장애가 있어 일상생활을 영위하는 데에 지장이 있는 사람의 심신의 상황에 맞는 개호를 행하고 그 사람 및 개호자에게 개호와 관련된 지도를 행하는 전문적인 국가자격임

(19) 朝日建二「개호보험의 최신동향 ④방문개호, 통소개호, 케어매니지먼트의 재검토-어리석음의 극치」『풍부한 생활』 281호(2005년) p.59 이하, 이러한 갱신제도의 도입은 개호지원전문원의 전문직으로서의 재량발휘를 방해(재량권의 침해)할 뿐만 아니라, 관료통제가 다른 전문직으로 확대된 위험성이 있다고 지적함.

## 05 개호보험료부담의 문제

### 역진성이 강한 고령자의 개호보험료

다섯 번째로 개호보험료의 부담이 특히 연금생활자 혹은 저소득 고령자에게는 과혹한 것으로 판명되면서 보험료의 부담이나 경감을 둘러싼 문제가 이슈화되고 있지만, 그 문제에 대해서도 이번 개정개호보험법에서는 제1호피보험자의 개호보험료를 2단계로 세분화하는 정도로만 재검토한 채, **공조공과(公租公課)**금지원칙을 무시하고 유족연금이나 장애연금에서 보험료를 공제하는 방식을 도입하였다.

> *공조공과
>
> 국가 또는 지방공공단체에 의해 공적인 목적으로 부관된 세금부담의 총칭으로 공조는 조세, 공과는 조세 이외의 부담금을 가리킴

개호보험의 피보험자는 65세 이상의 제1호피보험자와 40세부터 64세의 제2호피보험자로 구분되는데, 제1호피보험자의 경우 그 개호보험료는 소득단계별이 아니라 정액보험료를 기본으로 하기 때문에 역진성이 강하고 저소득자일수록 부담이 가중되게 된다. 또, 무연금(무수입)의 고령자에게도 보험료를 징수하고, 월 1만 5,000엔 이상의 경로연금수급자에게서도 보험료를 연금에서 공제한다(특별징수, 제1호피보험자의 80% 이상이 해당). 더욱이 국가가 설정하는 5단계는 엉성하고 세대단위로 산출하도록 되어 있어 최고보험료가 최저보험료의 3배밖에 되지 않을 뿐만 아니라, 특히 저소득자의 입장에서 보면 개호보험에 비해 훨씬 급부를 받을 가능성이 높은 국민건강보험의 보험료(세)보다 개호보험료가 더 비싸지는 등의 현상이 일어나고 있다(반대로 고소득자는 국민건강보험에 비해 개호보험료가 극단적으로 싸게 되어 있음). 이러한 개호보험료 설정은 연금생활고령자의 생활실태를 무시한 것으

로, 오사카나 후쿠오카에서는 개호보험료의 부과에 대해 집단심사청구운동이 전개되고 있으며, 홋까이도나 오사카에서는 연금에서 개호보험료를 강제징수하는 것에 대해 그 위험유무를 따지는 소송이 제기되었지만,(20) 어느 쪽도 위헌이 아니라는 판결이 나왔다(제1장 5참고).

제1호피보험자의 개호보험료는 3년간의 평균으로 시정촌마다 다르며, 각 보험자의 개호보험사업계획에 의거해 3년마다 개정된다. 그리고 전술했던 것처럼 급부비의 증가를 반영하여 대부분의 시정촌이 보험료를 인상하고 있다(제3장 1참조). 시설을 선호하는 경향이 강해지고 있는 가운데 개호보험시설을 많이 가지고 있는 시정촌, 특히 소규모의 시정촌은 보험료가 상당히 증가하고 있으며, 후생노동성은 인상폭을 억제하기 위해 시청촌(보험자)의 광역화를 지원하거나, 산정정령을 개정하여 제1기의 재정안정기금으로부터의 융자상환을 원칙 3년에서 최대 9년까지로 연장하는 등의 조치를 취하고 있지만, 현행제도에서는 보험료가 높아지는 것에 제동을 걸 수 있는 구체적인 방법은 빠져 있어 근본적인 해결은 되지 않고 있다.

한편, 개호보험료의 인상으로 연금공제가 되지 않은 보통징수의 수납률이 조금씩 낮아지고 있다. 2003년 수납률의 전국 평균은 91%이지만, 시정촌에 따라 90%를 밑도는 곳도 있어 보험료 인상으로 인한 수납률 저하가 우려되고 있다.

---

(20) 오사카지방재판소에 제소된 개호보험료소송에 대해서 伊藤周平「오사카지방재판소의 의견서·그1/그2」『임금과 사회보장』 1369-1370호(2004년) p.56 이하, p.48 이하 참조.

## 유족연금 · 장애연금의 연금공제의 문제

이러한 보통징수 수납률 저하의 위기감에서인지, 개정개호보험법에서는 「개호보험료를 납부하는데 걸리는 시간을 경감하고, 보험자의 수납 사무의 경감(21)」을 도모한다라는 명목 하에, 특별징수(연금으로부터 공제)대상을 유족연금, 장애연금으로 확대하는 개정이 행해졌다(개정법 131조).

그러나, 사회보장급부에 대해서는 수급권보호규정이 설치되어 급부로 받은 금전에 대한 공조공과는 금지되어 있다. 이는 사회보장급부에 과세 등을 징수하게 되면 급부를 실시한 의미가 없어진다라는 취지의 규정이며, 「공과」에는 개호보험료도 포함된다고 해석되어지고 있다.(22) 공적연금도 후생연금보험법 41조, 국민연금법 25조에 같은 규정이 있지만, **노령후생연금**과 노령기초연금 및 **부가연금**은 이를 근거로 각각 공조공과금지의 대상에서 제외되어 있기 때문에 개호보험자의 특별징수(공제)가 가능하다고 해석되어 반대로 유족연금이나 장애연금은 공조공과금지규정의 취지가 배려되어 보통징수가 되었다.(23) 이번 개정은 이 원칙까지도 무시하고 장애연금이나 유족연금까지도 특별징수의 대상으로 하는 중대한 문제를 내포하고 있으며(후생노동성으로부터는 이 문제에 대해 아무런 설명도 없음), 사회보장급부에 관해 공조공과부과에 대한 사고방식을 크게 변화시킬 우려가 있다.(24)

*노령후생연금

특별지급인 노령후생연금은 후생연금의 가입기간이 1년이상이고, 노령기초연금을 받을 자격이 있는 사람이 60세에서 65세까지 되기까지의 기간에 따라 지급되는 연금

*부가연금

정액보험료에 부가보험료(월 400엔)를 추가하여 납입하면, 장래 받을 수 있는 노령기초연금에 부가연금이 추가되는 연금임

(21) 후생노동성 노건국 개호보험과 제 3장(1) p.104.

(22) 같은 해석으로 堀勝洋「유족연금.장해연금으로부터 개호보험료의 공제」『월간개호보험』108호(2005년) p.23 참조.

(23) 개호보험제도연구회 제2장주(12) p.148.

(24) 같은 지적으로 新田秀樹「개호보험제도와 생활보호제도(하)」『월간개호보험』107호(2005년) p.29참조.

그 외 특별징수대상자 파악시기(현행 연1회)를 연6회로 하는 것(개정법 134조~137조, 2006년 10월 실시)과 보통징수인 개호보험료의 수납사무를 편의점 등의 개인에게 위탁하는 것을 가능하게 하는 개정(개정법 144조 2)이 행해졌다. 또한, 생활보호법이 개정되어 피보호자에 대해 교부된 보호비 가운데, 개호보험료에 상당하는 금액을 보호실시기관(**복지사무소** 등)이 피보호자를 대신하여 직접 보험자에게 지불하는 것이 가능하도록 하는 내용으로 개정되었다(생활보호법 37조 2)

*복지사무소

사회복지법에 근거하여, 도도부현, 시정촌, 특별구에 설치된 사회복지행정의 현업기관으로 복지6법에서 규정하는 원호와 육성 또는 갱생의 조치 이외에 사회복지전반에 관련된 사무를 행하고 있음

더구나 보험료부담방식에 대해서는 종래의 방식을 기본으로 하면서 2단계를 세분화하여 연금수입이 연 80만 엔 이하로 연금이외에 소득이 없는 자는 새로 2단계로 하고, 1단계와 같이(기본×0.5) 보험료율을 설정하는 방식이 도입(종래는 기본액×0.75, 구체적인 보험료율의 설정 등은 각 시정촌에서 판단하도록 함)되었다(그림 11). 이는 소송을 제기하는 등의 고령자의 반발을 고려했다고 말할 수 있으나 부분적인 수정에 지나지 않으며 역진성의 문제는 해결되지 못하고 있다. 피보험자의 경우 생활부조비에 개호보험부담분이 증가되어 지급되는 것을 생각한다면, 분명하게 생활보호기준 이하의 생활상태인 새로운 2단계 고령자의 개호보험료는 제로단계(면제)로 해야 한다. 게다가 노령자공제의 폐지나 연금공제액의 인하 등으로 과세세대로 되어 국민건강보험료(세)나 개호보험료가 인상되는 연금생활자도 많다(개호보험료에 대해서는 격변완화조치가 취해져 있음, 본장 3참조).

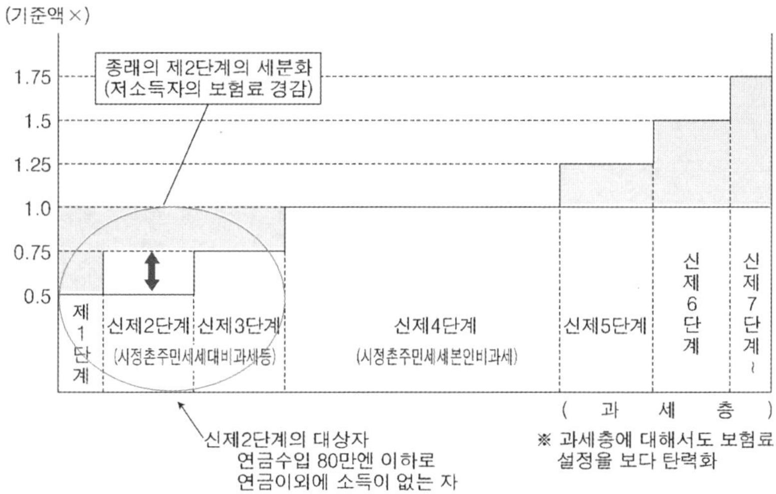


(출처) 후생노동성자료, 일부수정

그림 11. 제1호보험료의 제2단계의 세분화

## 06 개호보험의 딜레마와 개정개호보험의 귀결

### 개호보험의 딜레마

지금까지 개정개호보험법의 주된 내용과 문제점을 살펴보았다. 본래 개호보험제도는 서비스이용이 증가하거나 개호보수를 인상하면 이용자부담(개호보수단가의 10%)이 증가하고, 개호보험료의 인상으로 이어지는 구조로 되어 있다. 더구나 앞서 기술한 바와 같이, 앞으로 고령화의 진전과 요개호자의 증대에 따른 급부비의 증대는 피할 수 없을 것으로 보인다. 개호보험은 재택(재가)서비스부문에 영리법인의 참여를 인정하고 있어, 각 법인(특히 주식회사)은 수익을 올리기 위해 적극적으로 욕구개발을 하거나(그

것 자체도 부정 없음), 서비스이용자를 증가시키려고 하기 때문에 필연적으로 급부비가 증대한다. 다시 말하면 구조적으로 급부비가 증대하도록 제도설계가 되어 있다.

주식회사(영리법인)가 의료서비스를 제공하도록 인정하고 있는 미국의 의료비가 세계 최고 수준임에서 알 수 듯이 영리법인의 참여가 급부비를 올리는 것은 누구나 알 수 있는 상식이다(그렇기 때문에 의료비억제를 기본방침으로 하는 후생노동성은 주식회사의 의료기관 참여에 소극적인 것이 아닌가). 더욱이 대부분의 거택개호지원사업자가 개호사업자를 병행하고 있는 현 상태에서는 개호보수의 과잉청구 등의 부정청구가 발생하기 쉽다. 실제로, 개호보수의 부정청구 등에 의해 시정촌이나 도도부현이 개호사업자에게 반환을 요구한 금액은 2003년 5~6억 엔에 이르고, 전년도보다 배로 증가하고 있는 추세이다

이러한 구조적인 문제가 있음에도 불구하고, 제1호피보험자의 개호보험료는 정액보험료를 기본으로 하고 있어 역진성이 강하기 때문에 보험료의 대폭적인 인상은 상당한 반발이 예상되며 정책적으로 보더라도 한계가 있다. 월 1만 5천 엔의 노령퇴직연금수급자라는 극히 저연금고령자에게서도 개호보험료를 공제하여 징수하고 있는 현행제도에서는 개호보험료가 1만 5천 엔이 되면 그 사람의 연금수급액은 실질적으로 0이 될 가능성도 있다.(25)

결국, 현행의 역진성이 강한 보험료 부담구조를 수정하고 어느 정도 개호보험의 증대에 대응 가능한 구조로 개호보험법을 개

(25) 堀·前掲주(22) p.22는 개호보험료를 밑도는 연금으로부터의 공제를 상정하여, 전국의 개호보험료의 최고금액까지 특별징수의 하한금액을 낮추는 것도 가능함.

혁하지 않는 한, 피보험자의 범위를 확대한다고 해도 일시적인 보험료부담의 경감은 되겠지만, 급부비의 증대에 대응할 수 있을 만큼의 개호보험료 인상은 곤란하다는 의미에서 「개호보험재정의 파탄」을 피할 수 없으며, 개호보수를 인상해 개호노동자의 노동조건을 개선하고자 하는 것은 불가능하다. 즉, 보험재정의 파탄을 방지하고 사회보험방식을 유지하려면 남은 수단은 급부의 재검토나 서비스 공급의 제한, 나아가 개호보수를 낮추는 등의 급부억제책밖에는 없다.

### 개정개호보험법의 귀결

개호보험법의 이러한 딜레마를 극복하고 사회보험제도로써 지속가능한 구조로 하려고 한다면 앞에서 제언한 바와 같이, 제1호피보험자의 보험료, 보험비율을 법으로 정하는 정률보험료로 하는 근본적 개혁이 불가피하다(제2장 5참조).

그러나, 이번 개정개호보험법은 이러한 근본적인 개혁을 꾀하기 보다는 산적해 있는 문제들을 남겨둔 채 급부억제가 추진되고 있음이 명확하다(제3장 5참조). 앞에서 기술했던 사업자의 규제강화 이외에 요개호인정시 인정조사를 원칙적으로 시정촌이 행하는 것과 사업자에게 신청대행을 쉽게 인정하지 않는 것은 이번 개정이 급부억제를 목적으로 하고 있는 것이라는 한계도 있지만 요개호자의 권리보장측면에서도 평가할만한 것도 개정내용에 포함되어 있다. 그러나, 신예방급부나 시설입소자의 부담증가를 중심으로 하는 이번 개혁은 급부억제와 부담증가로 국민의 개호에 대한 불안을 증대시키고 있으며, 사회보장방식을 전제로 한 후 급부억제로 전환하려는 개혁으로 결국 실패로 끝날 수밖에 없다는 지적도 있다.[26] 문제는 개호보험법의 한계가 명확히 드러났음에도 불구하고 사회보장개혁이라 칭하고 개호보험을 모델로 한 사회보장 전체의 개편이 진행되려고 하고 있는 것이다. 특히 장애인복지 분야에서는 장애인자립지원법이 성립되어 개호보험법과의 통합 가능성이 검토되고 있다. 다음 장에서는 개호보험을 모델로 한 사회보장개혁의 동향에 대해 고찰하고자 한다.

(26) 里見·前掲주(11) p.9 참조.

# 제5장 사회보장개혁의 동향과 향후

## 01 개호보험과 사회보장개혁

지금까지 두 장에 걸쳐 개정개호보험법의 내용과 그 문제점에 대해 고찰해 보았으나 개호보험을 「front runner[1]」라고 하는 정부의 사회보장개혁은 21세기에 들어와 가속화되고 있다. 특히, 사회복지분야의 개혁은 구조개혁에 「기초」를 붙여서 「사회복지기초구조개혁」이라 부르는 것처럼 조치제도에서 계약제도로 전환을 꾀하는 내용의 개혁이 진행되고 있다(제1장 참조).

그리고 지금까지의 고령자복지, 아동복지, 장애인복지 전반에 걸친 정부의 사회복지개혁의 경위를 보면 이용자의 의견이나

(1) 里見·제4장注(11) p.2.

이를 대변하는 운동이 약한 고령자복지분야를 중심으로 개호보험제도가 도입되는 등, 독점적인 개혁뿐 아니라 법 개정이 행해지고 있음을 알 수 있다. 보호자나 보육사 등을 중심으로 운동의 축적이 있는 보육분야에서는 서비스의 공급주체로 영리법인의 참여가 인정되긴 하였으나 시정촌의 보육실시의무는 남아 있으며(아동복지법 24조1항), 규제완화나 민영화의 추진 등으로 공적보육제도나 보육의 최저기준이 유명무실해지는 우회전술이 사용되고 있다.(2)

그러나, 정부의 사회복지개혁이 지향하는 사회복지재편성의 최종모델은 개호보험제도로(말하자면 「복지의 보험화」구상), 개호보험과 장애인복지(지원비제도)의 통합구상은 장애인복지분야에서 이를 실현하고자 하는 것으로 볼 수 있다. 1995년 7월 사회보장제도심의회(당시)의 권고에서 볼 수 있는 사회보험 우위의 사고방식과 사회복지분야의 사회보험방식도입의 구상은 2000년의 개호보험법시행에 의해 고령자복지분야에서 실현되었다고 할 수 있으며, 개호보험제도는 제 3, 4장에서 보았듯이 「부담 없이는 급부 없음」이라는 보험원리의 강화, 보험료나 이용자부담은 저소득층에 대한 감면을 실질적으로 인정하지 않는 응익(수익자)부담이 강화되어 사회보험의 사보험화가 추진되고 있다. 그리고, 이러한 「복지의 보험화」구상은 사회복지가 사회보험방식의 전환에 그치지 않고, 사회보험의 사보험화가 추진되고 있다는 데에 특징과 문제점이 있다.

동시에, 개호보험은 사회복지개혁뿐 아니라 의료제도개혁이

(2) 보육제도개혁에 대해서는 伊藤·서장注(4) 제3장 참조.

나 연금제도개혁과 같은 사회보장전반에 걸친 개혁 중에서 선행되었다는 점에서 의미가 있고, 개호보험을 모델로 지금까지의 의료보험제도 등과 같은 사회보험제도도 개정하려고 하는, 다시 말하면, 급부를 삭감하면서 보험원리를 강화하고 응익부담을 강화하는 방향(즉, 사회보험의 사보험화의 방향)으로 나타나고 있다. 이하, 사회보장개혁의 동향을 장애인자립지원법의 성립으로 커다란 전환을 맞고 있는 장애인복지개혁, 생활보호제도개혁, 연금제도개혁, 의료제도개혁의 순으로 고찰하여, 앞으로를 전망해 보고자 한다.

## 02 장애인복지개혁의 동향과 향후 –장애인자립지원법의 내용과 문제점

### 장애인복지의 응익부담화

제3장 4에서 보았듯이, 장애인복지분야에서는 개호보험과 지원비제도를 통합하려고 했던 장애인자립지원법이 일단은 폐안이 되었지만, 2005년 9월 특별국회에 재제출되어, 같은 해 10월 31일에 성립되었다.

장애인자립지원법의 내용에서 가장 영향이 크고, 이 법의 기본적인 목적이라고 할 수 있는 것은 응익부담의 도입이다. 종래의 장애인복지(조치)제도의 비용징수, 그리고 2003년 4월부터 시작된 지원비제도 하에서의 이용자부담은 소득에 따른 응능부담이 원칙이었으나,(3) 장애인자립지원법은 이를 일률적으로 응익(정률)부담으로 변경하게 하였다. 즉, 장애인복지서비스비용은 국가의 부담(1/2)을 의무화함과 동시에(장애인자립지원법 95조 1항, 제3장 2에서 본 시정촌의 세입결손이라는 상태는 없어짐), 재택·통소 및 입소의 경우에는 서비스비용의 10%를 부담(장애인지원법 29조 3항)하도록 하고, 통소·입소의 경우에는 이것과 함께 식비(통소시설에서는 모델금액 1회에 650엔, 입소시설에서는 모델금액이 월 2만 2천 엔), 수도광열비(입소시설에서는 모델금액 월 1만 엔)가 자기부담이 된다(장애인자립지원법 29조1항).

*육성의료

육성의료란 도도부현이 신체장애가 있는 아동에게 생활능력을 얻도록 하기 위해 필요한 의료(육성의료)급부를 실시하거나 이에 필요한 비용을 지급하는 제도임(아동복지법 20조 1항)

*갱생의료

갱생의료란 신체장애가 가져온 일정한 증상(방치하면 신체장애상태가 영속)에 대해 의학적 처치를 행함으로써 일상생활활동을 회복 또는 향상시킬 가능성이 인정된 경우에 적용되는 제도임(신체장애인복지법19조)

공적 비용으로 충당되는 의료에 관해서도 과거의 **육성의료, 갱생의료**, 정신장애인통원의료를 「자립지원의료」로 일원화하고 10%를 부담하도록 하였다(장애인자립지원법 58조3항). 게다가 일정소득 이상의 사람(시정촌주민세과세세대)은 대상에서 제외되며(즉, 의료보험의 일부부담과 동일하게 30%를 부담하게 됨), 입원한 경우의 식비는 전액 자기부담이 된다. 이러한 이용자부담에는 부담상한액(매월)이 설정되어, 생활보호세대는 0엔, 저소득자1층(세대원 전원이 시정촌주민세비과세로 소득이 0, 그리고 수입이 80만 엔 미만의 세대)은 1만 5천 엔, 저소득2층(세대원 전원이 시정촌주민세균등비과세세대)은 2만 4천 6백 엔이다(그림 12).

---

(3) 단, 조치제도에 근거한 비용징수제도는 서비스 등을 일단 제공한 후 그 비용을 대상자로부터 징수하는 것으로 비용을 비급하는 것이 서비스수급의 조건이 아닌 구조인데 대해, 지원비제도에서의 이용자부담은 이용계약에 근거해 서비스의 제공과 교환되는 이용료의 지급이고, 그 지급이 서비스수급의 조건으로 되어 있는 것과는 차이가 있다. 전자는 조치권자인 시정촌이 징수하고 후자는 사업자·시설에 지급함.

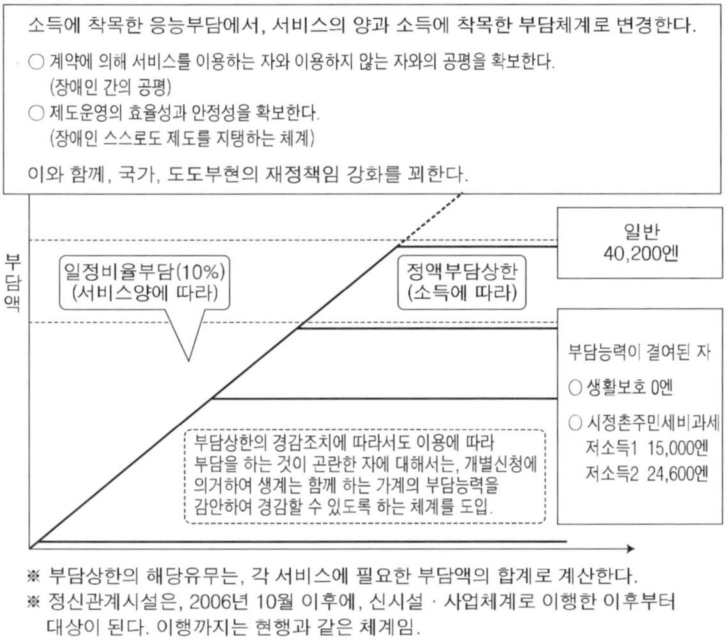


(출처) 후생노동성자료, 일부수정

그림 12. 장애인복지서비스의 이용자부담의 검토

응익부담의 도입은 당초 2006년 1월부터 예정되어 있었으나, 전술했듯이 장애인자립지원법안이 일단 폐안되었으므로, 2006년 4월부터 실시되게 되었다(제3장4를 참조).

이미 개정된 개호보험법의 성립으로, 2005년 10월부터 개호보험시설 등에서는 식비의 부담증가와 거주비 징수가 실행되기 시작했고, 장애인복지시설에서도 개호보험과 같은 형태로 이용자의 부담증가가 예상되고 있다. 단, 통원시설의 식비부담이나 입소시설의 이용자의 식비 등의 실비부담에 대해서는, 법 시행 이후 3년간(2008년도 말까지)의 경과조치가 취해져 부담이 경감된다.

게다가, 「보장구」에 대해서는 그 정의도 포함하여 개정이 이루어져 2006년 10월부터 10%를 부담하게 된다.

이렇게 응익부담을 도입하는 이유에 대해 후생노동성은, 새롭게(장애인복지) 서비스를 이용하는 사람도 많아져, 현 상태로 제도를 유지하는 것은 곤란하므로, 증가하는 서비스 비용을 국민 전체가 지원할 필요가 있으며(제도의 지속가능성 확보), 서비스를 이용하는 장애인과 이용하지 않는(이용할 수 없는)장애인 간의 공평성을 확보할 필요가 있다(부담의 공평성을 확보) 고 설명하고 있다.(4)

여기에서 후자에 대한 논의는 그만두더라도(이러한 공평론의 문제에 대해서는 후술), 응익부담제도를 도입하는 최대의 목적은 전자의 제도의 지속가능성 확보, 즉 장애인복지서비스의 이용증대에 따른 급부비의 증대를 억제하는 데에 있다는 것은 명백하며, 실제로 후생노동성은 장애인복지서비스 등이 응익부담으로 전환된다면 2006년에는 급부비 1천억엔 정도(국고)를 억제할 수 있다고 보고 있다.(5)

종래의 지원비제도에서는 예를 들어 홈헬프서비스 이용의 경우, 생활보호수급 등으로 부담금액이 0엔이 되는 사람이 18%, 시정촌주민세비과세(세대 비과세 및 본인 비과세)로 부담금액이 0엔이 되는 사람이 77%, 이를 합치면 자기부담이 없는 사람이 95%를 차지하고 있다. 그 결과, 급부비 전체에서 차지하는 자기부담비율은 0.2%에 그치고(부양의무자의 부담을 보면, 자기부담이 없는 경우는 46%로, 전체부담율은 1.1%가 되는데, 본인부담율을 합계

(4) 「장애보건복지관계주관과장회의자료」(2005년 6월 9일) p.2.
(5) 平野方紹 「장애인복지서비스의 이용자부담의 변천과 응익주의 도입의 목적」 장애인생활지원시스템연구회편, 서장注(5) p.46 참조.

하면 부담율은 1.3%에 그침), 10%의 응익부담화(10%의 부담율)로 일제히 10배 가깝게 부담이 증가하게 된다. 게다가 시설에 입소를 하게 되면 식비나 광열비, 수도비 등의 부담도 더해져 상당한 부담 증가가 우려된다.

결과적으로, 지금까지 응능부담에 근거하여 저렴하게 혹은 무료로 복지서비스를 이용해 오던(이용할 수 있던) 장애인이 서비스 이용을 억제할 수밖에 없는 상황이 예상된다. 실제로 응익부담화에 대해서는 당사자나 가족, 장애인단체로부터 장애인이 복지서비스를 이용하는 것이「이익」인가라는 강한 반발이 있어, 장애인자립지원법안의 심의가 장기화되고 폐안이 되는 하나의 원인이 되었다(제3장4참조). 무엇보다도 응익부담화는 장애인이「건강하고 문화적인 최저한도의 생활」을 영위하도록 하기 위해 필수적인 복지서비스의 이용을 억제시키는 형태가 되고, 게다가 서비스의 이용억제가 저소득층이나 중증의 장애를 가진 자에게 집중적으로 발생하는 구조로 되어 있는 점 등의 중대한 문제를 내포하고 있다.

### 장애인복지서비스의 재편성

두 번째로, 장애인자립지원법이 성립되어 종래의 장애인복지서비스 중 재택서비스는「개호급부」와「훈련 등의 급부」,「자립지원의료」,「보장구」, 그리고「지역생활지원사업」3개의 체계로 재편성되었고(2006년 10월부터), 시설서비스는 종래의 療護시설, 갱생시설, **授産시설**, 소규모授産시설, 복지공장 등의 기능을 개정해, 2006년 10월부터 약 5년에 걸쳐「일상생활의 장」과「거주의 장」, 두 개의 체계로 재편성하였다(그림 13).

*授産(수산)시설

심신상의 이유, 세대의 사정으로 취업이 곤란한 자에게 취로와 기능습득을 위한 기회를 부여하여 자립을 조장하는 것을 목적으로 하는 시설로, 생활보호법, 사회복지사업법, 신체장애인복지법, 정신장애인복지법에 근거한 것이 있음

| 구분 | 기존 서비스 |
|---|---|
| 재택계 | 홈헬프<br>(신 · 지 · 아 · 정) |
| 재택계 | 데이서비스<br>(신 · 지 · 아 · 정) |
| 재택계 | 쇼트스테이<br>(신 · 지 · 아 · 정) |
| 재택계 | 그룹홈<br>(지 · 정) |
| 시설계 | 중증심신장애아동시설(아) |
| 시설계 | 요호시설(신) |
| 시설계 | 갱생시설<br>(신 · 지) |
| 시설계 | 수산시설<br>(신 · 지 · 정) |
| 시설계 | 복지공장<br>(신 · 지 · 정) |
| 시설계 | 통근료(지) |
| 시설계 | 복지홈<br>(신 · 지 · 정) |
| 시설계 | 생활훈련시설<br>(정) |
| 시설계 | 소규모 통소수산<br>(신 · 지 · 정) |
| 시설계 | 소규모작업소<br>(신 · 지 · 정) |

재택계 → 2006년10월부터 신체계로 이행

시설계 → 2006년10월부터 5년동안 신체계로 순차적이동

| 구분 | 서비스 | 내용 |
|---|---|---|
| 개호급부 | 거택개호<br>(홈헬프) | 장애인이 거택에서 목욕, 배설 또는 식사의 개호, 그 외 후생노동성이 정한 편의를 제공하는 것. |
| 개호급부 | 중증방문개호 | 중증의 지체부자유자로 항시 개호를 필요로 하는 장애인에게 거택에서 목욕, 배설 또는 식사개호, 그 외 후생노동성이 정한 편의 및 외출시 이동 중의 개호를 종합적으로 제공하는 것 |
| 개호급부 | 행동원호 | 지적장애 또는 정신장애로 행동상 현저한 곤란을 가지는 장애인으로 항시 개호를 필요로 하는 자에게, 해당 장애인이 행동할 때 생기는 위험을 피하기 위해 필요한 원호, 외출시 이동 중의 개호, 그 외의 후생노동성이 정한 편의를 제공하는 것. |
| 개호급부 | 단기입소<br>(쇼트스테이) | 거택에서 개호를 행하는 자의 질병, 그 외의 이유로 인해, 장애인지원시설, 그 외의 후생노동성령에서 정한 시설에의 단기간 입소를 필요로 하는 장애인을 해당시설에 단기간 입소시켜, 목욕, 배설 또는 식사의 개호, 그 외의 후생노동성령에서 정한 편의를 제공하는 것. |
| 개호급부 | 중증장애인 등 포괄 지원 | 항시 개호를 필요로 하는 장애인으로, 개호의 필요도가 현저히 높은 자로, 거택보호 그 외 후생노동성령에서 정한 장애복지서비스를 포괄적으로 제공하는 것. |
| 개호급부 | 아동<br>데이서비스 | 장애아로, 아동복지법 제43조3에서 규정하는 지체부자유아시설 그 외의 후생노동성령으로 정한 시설에 다니도록 하여, 일상생활에서 기본적 동작의 지도, 집단생활에의 적응훈련, 기타 후생노동성령에서 정한 편의를 제공하는 것. |
| 개호급부 | 요호개호 | 의료를 필요로 하는 장애인이며, 항시 개호를 필요로 하는 자에게 후생노동성령으로 정한 바에 따라, 주로 주간에 병원, 그 외 후생노동성령에서 정한 시설에서 행해지는 기능훈련, 요양상의 관리, 간호, 의학적 관리 하에서의 개호 및 일상생활의 돌봄을 제공하는 것. |
| 개호급부 | 생활개호 | 항시 개호를 필요로 하는 자로, 후생노동성령에서 정한 자에 대해, 주로 주간에 장애인지원시설, 그 외 후생노동성령에서 정한 시설에서 행해지는 목욕, 배설 또는 식사의 개호, 창작적 활동 또는 생산활동의 기회제공, 그 외 후생노동성령에서 정한 편의를 제공하는 것. |
| 개호급부 | 시설입소지원 | 그 시설에 입소하는 장애인에게 주로 야간에 목욕, 배설 또는 식사 개호, 그 외 후생노동성령에서 정한 편의를 제공하는 것. |
| 개호급부 | 공동생활개호<br>(캐어홈) | 장애인들에게, 주로 야간에 공동생활을 영위해야 할 주거지에서 목욕, 배설 또는 식사개호, 그 외 후생노동성령에서 정한 편의를 제공하는 것. |
| 훈련등급부 | 자립훈련 | 장애인이 자립한 일상생활 또는 사회생활을 영위할 수 있도록 후생노동성령에서 정한 기간에 걸쳐, 신체기능 또는 생활능력 향상을 위해 필요한 훈련, 그 외 후생노동성령에서 정한 편의를 제공하는 것. |
| 훈련등급부 | 취로이행지원 | 취로를 희망하는 장애인에게, 후생노동성령에서 정한 기간에 걸쳐, 생산활동, 기타 활동기회제공을 통해, 취로에 필요한 지식 및 능력향상을 위해 필요한 훈련, 그 외 후생노동성령에서 정한 편의를 제공하는 것. |
| 훈련등급부 | 취로계속지원 | 통상의 사업소에 고용되는 것이 곤란한 장애인에게, 취로의 기회를 제공함과 동시에, 생산활동 이외의 활동기회 제공을 통해 지식 및 능력향상을 위해 필요한 훈련, 기타 후생노동성령에서 정한 편의를 제공하는 것. |
| 훈련등급부 | 공동생활원조<br>(그룹홈) | 지역에서 공동생활을 영위하는 데 지장이 없는 장애인에게, 주로 야간에, 공동생활을 영기하는 주거지에서 상담, 그 외 일상생활의 원조를 행하는 것. |

(출처) 후생노동성자료. 일부수정.

그림 13. 장애인복지서비스의 재편성(개호급부, 훈련등의 급부)

이 중에서 「개호급부」에는 방문개호, 아동데이서비스, 단기입소(short stay) 등이, 「훈련등급부」에는 자립훈련, 취로이행지원, 취로계속지원 등이 포함되며, 「자립지원의료」에는 육성의료, 갱생의료, 정신장애인통원공적비용부담의료를 일원화한 것이다. 시정촌이 임의로 행하는 「지역생활지원사업」에는 상담지원 이외에 이동지원사업도 포함되어 있다. 이 중에서 「개호급부」는, 상당히 개호보험의 급부에 가까운 것으로 되어 있어 장래에 개호보험과의 통합을 전제로 한 급부라는 것을 이해할 수 있다. 또한, 「지역생활지원사업」에 관해서는 전술한 삼위일체개혁(제3장 2참조)으로 인해 국가의 보조금이 중단되고 일반재원화될 것으로 예상된다.(6)

시설서비스에서는, 「일상생활의 장」으로써 신체장애인을 대상으로 하는 「자립지원훈련사업(기능훈련)」, 지적·정신장애인을 대상으로 하는 「자립훈련사업(생활훈련)」, 신체·지적·정신장애인을 대상으로 하는 「취로이행지원사업」 등이 있다. 「거주의 장」으로써는, 종래의 그룹홈, 통원료, 복지홈이 「케어홈」, 「그룹홈」, 「거주지원」으로 재편성된다.

이 중에서 「케어홈(공동생활개호)」은, 개호가 필요한 지적장애인, 정신장애인의 이용을 감안하여 「개호급부」로 지급되고, 목욕·배설·식사 등의 개호나 일상생활지원, 일상생활을 포함한 생활프로그램 책정의 두 가지가 상정되어 있다. 「그룹홈(공동생활원조)」은, 취로 또는 자립훈련·취로이행지원 등의 서비스를 받고 있는 지적·정신장애인의 이용을 상정해, 「훈련등급부」에서 지급되고, 입주자에의 식사제공 등과 같은 일상생활활동의 지원이 이

(6) 같은 지적으로 白沢·제3장注(9) p.37 참조.

루어진다. 「거주지원」은, 장애인에게 민간임대주택을 임대하는 것을 지원함과 동시에 각종 상담에 응하는 것이다.

이상의 서비스체계를 보면 종류는 다양하지만 어디까지 정비될지는 의문이며 그 수준도 미지수이다. 또한, 전체적으로 성과추구형의 훈련·취로이행사업도 오로지 개호가 제공되는 療護, 복지사업으로 이분되어 그 중간에 있는 취로나 사회참가를 지향하는 사업은 전혀 고려하지 않았다는 점도 지적되고 있다.(7)

### 이용절차와 장애정도구분의 인정

세 번째로, 장애인자립지원법에서는 「개호급부」 등의 이용절차가 크게 변화하게 된다. 구체적으로는, 장애인자립지원법의 급부를 받고자 하는 장애인은 상담지원사업자 등을 중개로 하거나 혹은 스스로가 시정촌에 서비스 이용을 신청한다. 신청을 받은 시정촌은 장애인의 심신의 상황, 처한 환경 등에 대해 조사를 하고(이 업무는 상담지원사업자에 위탁할 수 있음), 해당 장애인의 장애정도구분을 인정하여 이에 따라 시정촌이 지급결정을 행한다. 「훈련등급부」에 관한 판정은 政省令(각 성의 대신들이 발하는 명령)이 정하는 판정기준에 준하여 결정되지만, 「개호급부」에 관해서는 컴퓨터에 의한 1차 판정에 주치의의 의견서 등의 관계서류를 시정촌이 설치하는 심사회에 송부하여, 심사회에서 2차 판정을 하여 결정된다(절차의 흐름은 그림 14 참조).

(7) 塩見洋介 「그랜드디자인으로 어떻게 되는가? 복지의 질」 장애인생활지원시스템연구회, 제3장주(10) p.42 이하 참조.

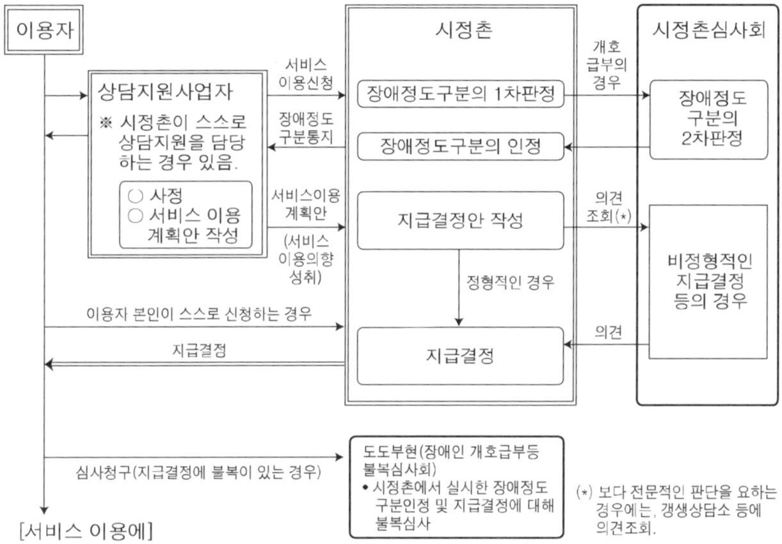


(출처) 후생노동성자료

**그림 14. 개호급부 및 훈련동급부의 이용절차**

장애인 자립지원법에서 이용신청은 장애인의 상담을 받아 욕구파악을 위한 사정이나 서비스이용계획안의 작성을 하는 상담원조사업자가 하도록 제도화되었지만, 어느 정도 기능을 다할 수 있을지는 미지수인 부분이 많다. 또한, 판단능력이 불충분한 지적장애인이나 정신장애인을 위한 권리옹호계획으로는 성년후견인제도나 복지서비스이용원조사업이 있으나, 현황으로 보면 이러한 구조가 장애인의 실질적인 권리보호시스템으로써 기능을 다하고 있는지에 대해서는 의문이다.(8)

(8) 지원비제도에 근거한 권리옹호시스템의 문제점에 대해서는 장애인생활연구편 『의문있음!개호보험통합론-어디로 가는가 지원비제도』(가모가와출판, 2004년) p.43 이후 참조[井上泰司 집필].

또한, 장애정도구분의 인정이나 지급결정의 이용절차는 복잡하고 그 결정과정에 있어서도 장애인의 의견표명권이나 참가가 충분하게 보장되어있지 않다. 특히, 장애정도구분에 있어서 컴퓨터판정의 부분은 블랙박스로 되어 있어, 이미 2004년에 몇몇 지자체에서는 개호보험의 개호인정의 지표 79항목에 의한 1차 판정과, 행동, 정신, 생활측면의 27개 항목과 의사의견서등으로 2차 판정을 행하는 모델사업을 실시해 왔으나, 실제로 컴퓨터판정과 장애인의 생활실태와는 괴리가 있는 것으로 나타났다.(9)

이러한 모델사업에서는 판정대상이 되는 케이스의 수가 적어 2차 판정으로 시간을 들여 검토하는 것이 가능하지만, 시행 후에는 심사회의 2차 판정에 시간을 투자하여 이러한 괴리를 시정하는 것은 곤란하다고 생각된다. 실제, 개호보험의 요개호인정실태를 보면, 2차 판정기관인 개호인정심사회에서의 판정은 유명무실해져 거의 컴퓨터가 판정하는 대로 결과를 제시하는 시정촌이 많다(개호인정심사회가 열심일수록 컴퓨터판정의 변경율이 높아져 지역차가 커지고 있음). 게다가, 신체적 자립정도를 중심으로 한 개호보험의 요개호인정기준이 장애정도구분에도 도입되는 경우, 신체적 자립도가 높은 정신장애인이나 지적장애인의 대다수는 인정에서 제외되어 서비스의 이용이 불가능해지거나 이용에 제약이 따르게 될 것이다. 또한, 장애정도구분의 인정이나 지급결정 등의 불복이 있는 경우에는 도도부현에 설치된 불복심사회에 심사청구

(9) 후생노동성의 모델사업은 전국에서 신체, 지적, 정신장애인 1,790명을 대상으로 행했으나, 2차 판정에서 구분변경이 된 장애인은 903명(50.4%)이었음(『아사히신문』 2005년 11월 3일). 오사카부枚方市에서는, 2차 판정에 의한 구분변경이 거의 100%에 가까웠다고 함.

가 가능한데, 이는 지원비제도에서 불복신청을 받는 제3자 기관이 없었던 것과 비교하면, 장애인의 쟁송권보장의 면에서 발전했다고 볼 수 있으나 불복심사회의 조직, 구성원, 그리고 행정소송방법 등과 같은 과제가 남는다.

### 장애인복지개혁의 향후

어떻든, 장애인자립지원법의 성립에 의해, 개호보험을 모델로 한 장애인복지의 보험화의 방향이 보다 선명해졌다고 할 수 있다. 장애인자립지원법은 분명히 장애인복지(지원비제도)와 개호보험제도의 통합을 목적으로 한 말하자면 연결시키기 위한 법률이라 할 수 있다. 그리고 장래에는 통합을 위한 급부기간의 설정이나 예방급부의 도입 등 개정개호보험법에서 나타나는 급부를 억제하기 위한 수단이 장애인복지에서도 적용될 가능성이 높다(제4장 1 참조).

무엇보다, 현실적으로 신예방급부를 통한 개호보험급부비의 억제효과는 별로 기대할 수 없고, 개호보험료의 상승은 불가피하다고 할 수 있다. 그리고, 이러한 보험료 부담의 증대에 대한 국민(특히 고령자)의 불안이나 반발에 대해서는 2006년부터 3년 후 개정할 때(2009년)에는 , 피보험자의 범위확대(20세부터의 개호보험료의 징수)와 개호보험, 장애인복지의 통합을 한꺼번에 실현한다고 하는 것이 후생노동성의 시나리오라고 생각된다.

그러나, 개인적인 생각으로는 사회복지제도의 재편성의 방향이라는 것은, 사회보험방식이 아닌 조세방식을 기본으로(처음부터 사회복지를 사회보험방식으로 운영하는 것 자체가 무리가 있고, 세계 각국의 예를 보아도 일본의 「복지의 보험화」 구상은 이상하다고 할 수밖에 없음), 공적 책임을 담보하는 형태로 서비스를 현물로 제공하는 체제로 재구축해야한다고 생각한다.

## 03 생활보호제도개혁의 동향과 향후

### 생활보호의 현황과 전문위원회의 보고

사회보장개혁의 여파는, 사회보장 중에서도 최후의 안전망(sefety net)이라고 할 수 있는 생활보호제도에도 영향을 미치고 있다. 이미 알고 있듯이 생활보호법은 헌법 25조의 이념에 근거하여 국가가 생활에 곤궁한 모든 국민에 대해 필요한 보호를 행하는 최저한도의 생활을 보장함과 동시에, 그들의 자립을 조장하는 것을 목적으로 하고(생활보호법 1조), 헌법 25조의 생활권 규정을 직접적으로 실현하는 법이라고 할 수 있다(제2장 4 참조).

그리고, 생활곤란과 생활파탄이 늘어나고 있는 일본에서는 서장에서 기술하였듯이, 1990년대 후반부터 생활보호수급자의 수는 왼쪽 위로 증가하고, 2004년 10월 시점에는 149만 명으로 피보호세대 수는 100만 세대를 돌파하고 있다. 세대유형별로 보면, 특히 고령화의 진전으로 고령자단독세대가 증가하고(고령자세대가 피보호세대의 46.4%를 차지함), 고령자나 질병·장애세대 등과 같이 노동능력이 없는 세대가 많아 보호수급기간이 장기화되어 10년을 넘는 세대의 비율이 25.8%로, 5년 내지 10년의 세대를 합하면 총 수의 약 50%를 차지하고 있다(2004년도).

이러한 상황에서 현행의 생활보호제도개혁의 필요성이 제기되어, 2003년 6월에 정부의 사회보장심의회 사회복지부회에 「생활보호제도에 관한 전문위원회」(이하, 「전문위원회」라고 함)가 설치되어, 2003년 8월부터 2004년 12월까지 18회에 걸친 검토를 통해, 2003년 12월에 「중간보고서」를, 2004년 12월 15일에 「최종보고」를 발표했다. 이 「최종보고」는 생활보호제도를 「이용하기 쉽고 자립하기 쉬운 제도로」 전환하는 방향의 검토를 추진하여, ① 생활보호기준의 방법, ② 생활보호제도운용의 방법과 자립지원, ③ 제도의 실시체제에 관해 구체적인 제언을 하고 있다.(10)

구체적으로 살펴보면, ① 생활보호기준에 관해서는 현행의 수준균형방식의 타당성을 인정하면서도, 생활부조기준과 일반 저소득세대의 소비실태와의 균형이 적절히 반영되어 있는지를 5년에 1회 정도의 빈도로 검증할 필요가 있다는 점과, 수급율(생활보호의 수급요건을 충족하는 세대가 실제로 어느 정도 생활보호를 수급하고 있는가의 비율)을 검증할 필요가 있다고 지적하고 있다. 또한, 대다수세대기준의 개정이나 단신세대기준 설정의 필요성이 제기되고, 가산제도에 관해서는 모자가산의 일률적 급부에 대한 검토 등이 제기되었다.

② 생활보호제도운용방법과 자립지원에 관련된 사항을 보면, 자립지원프로그램의 도입에 관해서는, 자치체가 피보호세대의 현황이나 지역의 사회자원 현황 등을 감안하여 자주성, 독자성을 살려 「자립지원프로그램」을 책정하고, 피보호자를 프로그램에 참가(어디까지나 주체적인 참가라는 유보를 달아서)시키도록 유도

(10) 전문위원회의 「최종보고」에 대해서는, 布川日佐史 「『생활보호제도의 바람직한 모습에 대한 전문위원회의 보고서』 읽는 방법」 『임금과 사회보장』 1388호 (2005년) p.4 이후 참조.

하며, 피보호자의 상황에 대한 정기적인 평가를 실시해야 할 필요가 있다는 것이 제기되었다. 자산 및 능력의 활용방법에 대해서는 일할능력이 있다고 외견상의 조건만으로 보호요건이 부족하다고 판단하지 않을 것, 보호개시 시 저축보유에 관해서는, 종래의 세대의 최저생활비의 1/2에서 3배 정도로 높일 것, 활용할 수 있는 자산의 범위를 저축, 토지, 가옥, 자동차에 제한하는 것이 제언되었다.

③ 실시체제에 관해서는, 재정사정에 의한 급부수준이나 보호의 설정, 운영의 균열을 방지하기 위해 헌법상에 보장된 생존권을 보장하는 기능을 다할 것, 특히 자립지원프로그램의 도입과 함께 필요한 재원확보의 필요성을 지적하고 있다.

### 2005년 개정의 내용과 생활보호개혁의 방향

본래 전문위원회는 정부의 사회복지개혁의 일환으로 설치된 것으로, 사회복지법 개정 중에 중위원 및 참의원 양의원의 부대결의(2000년 5월)를 시작으로 재정제도심의회의건의(2003년 6월), 또한 경제재정자문회의의 「骨太(골격이 명확하다는 의미)방침 2004」(2004년 6월)에서 가산삭감 및 보호기준을 낮추는 것이 개혁의 과제로 제시되었다고 하는 배경이 있다. 이러한 재정억제의 압력에도 불구하고 전문위원회는 그 동안의 생활보호를 둘러싼 심사청구, 재판운동의 성과에 영향을 받으며 나름대로의 진지한 의논을 거쳐 제도개선을 위한 보고서를 정리한 점은 높게 평가할 수 있다. 그러나, 결과적으로는 전문위원회에 의한 검토는 몇십 년 만에 이루어진 생활보호제도의 검토라고 불려지면서도, 생활보호법 그 자체의 개정까지는 미치지 못하고 전문위원회보고도 후생노동성의 「좋은 점만」, 「부분적으로 맛보는」 형태[11]로 2005년의 생활보호실시요령에 대한 개정(이하, 「2005년 개정」)이 행해졌다.

2005년 개정에서는, 나까지마소송의 최고재판소판결(최고재판소판결, 2004.3.16 賃社 1367호 8항 제1장 5 참조)로, 학자보험의 보유를 일정한 조건 속에서 인정하고, 피보호세대아동의 고등학교 취학비용을 생업부조로 새롭게 급부하는 등,[12] 개선이 이루어진 것도 있으나, 다인수세대의 생활부조기준을 낮추는 등, 전체적으로는 문제를 많이 내포하고 있는 내용으로 구성되어져 있다.

그 중에도 최대의 문제는, 70세 이상의 피보호자에 지급되었던 노령가산과 편부편모세대를 대상으로 한 모자가산의 삭제라고 할 수 있다. 노령가산은, 저소득세대의 소비수준과 비교하여 마치 생활부조기준이 높은 것처럼 평가하여 가산의 삭제를 제언한 전문위원회의 「중간보고서」에 근거하여,[13] 이미 2004년도부터 단계적으로 삭제되었다(2006년도 말에 폐지). 모자가산은 「최종보고」에서는 일률적인 급부의 개정에만 그쳐, 개별수용에 대해서는 별도로 대응한다고 했음에도 불구하고, 앞서 기술한 고등학교 취학비용을 생업부조로 급부하는 구조의 도입을 이유로 16세부터 18세의 아동만을 양육하는 편부편모세대의 모자가산을 단계적으

(11) 日比野正興 「전문위원회의 보고에 대한 비판과 생활보호개혁에의 제언」 『종합사회복지연구』 제27호(2005년) p.15 참조.

(12) 개인적으로 고교교육은 생업부조에 의한 「교육지원」이 아닌 생활보호법 13조를 개정하여 교육부조로 해야 한다고 생각함. 같은 취지에서 日比野·전개주(11) p.17 참조.

(13) 「중간보고」에 비해 「최종보고」에서는 그 후의 나까지마소송판결이나 각종단체의 개선활동 등을 배경으로 일정한 평가가 가능하다는 내용을 포함한 것이라는 지적도 있음 杉村宏 「생활보호제도개혁의 향후」 相野谷ほか編, 제1장주(50) p.92 참조.

로 폐지하는 것으로 결정되었다(2007년도 말에 폐지). 한편, 전문위원회의 「최종보고」에서 제언되었던 보호개시 시의 예금, 저축금 보유금액을 낮추는 것은 실현되지 않았다.

또한, 전문위원회의 보고서에서도 자립지원프로그램의 「자립지원」은 사회복지법의 기본이념에 있음을 의미하며, 취로에 의한 경제적 지원뿐 아니라 각각의 피보호자의 능력과 그들이 가지고 있는 과제에 따라 일상생활자립지원이나 사회생활자립지원을 한다고 한 점은 평가할 수 있으나, 자립지원프로그램의 운영에 따라 피보호자의 자발성이 무시되고 강요될 가능성(예를 들면, 보호의 폐지를 알려주면서)도 있다.

또한, 삼위일체의 개혁 하에서 후생노동성은 생활보호비의 국고부담을 현행의 3/4에서 1/2로 낮추려고 하고 있으나, 지자체는 강하게 반발하고 있다. 개인적인 의견으로는 헌법25조의 취지나 생활보호의 최저빈곤선을 확보하는 의미에서도, 오히려 1985년 이전의 80%를 국고부담으로 하는 형태로 되돌려야한다고 생각하고, 복지사무소의 담당직원의 증원 및 담당 사례 수를 적게 하는 등, 담당직원의 질과 양을 확보하기 위한 재정지원이 불가결하다고 생각한다.

## 04 연금제도개혁의 동향과 향후

### 기초연금의 국고부담비율의 증가

다음으로 연금제도의 개혁에 대해 살펴보면, 2004년 6월에 보험료의 고정화 등을 내용으로 하는 「국민연금법등의 일부를 개정하는 법률」(2004년 법률 제104호, 이하 「2004년 개정법」이라는)이 제159회 국회에서 성립하여 당면의 개혁방향이 정해졌다. 이하, 2004년의 연금개혁의 내용을 살펴보도록 하겠다.

우선, 국민연금(기초연금)에 관해서는, 서장에서도 살펴본 바와 같이 보험료 미납, 체납자, 면제자의 증가에 의한 공동화(空洞化)가 커다란 문제로 대두되었는데, 이러한 상황에 대처하기 위해 2004년 개정법에서는 국고부담비율을 제1호피보험자의 기초연금급부비의 1/2(국민연금 85조 1항 1호) 및, 후생연금보험에서의 기초연금갹출금의 1/2(후생연금 80조 1항)로 인상시켰다(단, 인상시기는 2007년부터 2009년까지도 하고 있음, 국민연금부칙 16조).

동시에, 보험료 면제제도의 다단계화, 규제완화조치가 취해져 그 동안의 전액면제, 반액면제에 이어 보험료의 3/4 혹은, 1/4을 면제해 주는 제도를 도입하여(국민연금 90조 2제1항, 3항, 2006년 7월 시행), 시한을 둔 특례(2005년 4월부터 2015년 6월까지)로 하고, 30세 미만의 피보험자에 관한 면제의 특례도 마련하였다(국민연금 부칙19조). 이에 대응하여, 보험료의 면제기간을 가지는 피보험자의 노령기초연금액의 산정방법도 다단계화되었다(국민연금 27조, 2006년 7월 시행).

여하튼, 사회보험방식을 전제로 한 국민연금의 공동화를 방지하기 위한 시책이었으나, 국고부담비율의 증가로 인해(본래는 2004년 실시될 예정에 있었으나 미루어짐), 국민연금은 개호보험이나 국민건강보험과 같이 제도상 재원의 반을 세금에 의존하는 사회보험제도로 만들어지게 되었다. 그럼에도 불구하고, 공동화를 막지 못하면(아마도 막기 어려울 것으로 여겨지지만), 기초연금 부분을 불가피하게 전액 세금방식으로 전환하게 될 것이다. 또한 소득에 따른 보험료부담이나 연금급부의 계층화는, 노령기초연금에서는 그동안 고려되지 않았다라는 지적[14]도 있듯이, 정액보험료부담·정액연금급부를 기본으로 하는 사회보험방식으로, 고령자부부세대의 기초적인 생활부분을 보장하려고 하는 국민연금의 제도설계의 한계를 나타내는 것으로 볼 수 있다(현실적으로는 노령기초연금을 전액 지급해도 연간 약 80만엔, 부부의 노령기초연금을 합쳐도 생활보호기준에 미치지 못하는 급부수준이고, 기초생활부분의 보장조차 되어있지 않음).

또한, 2004년 개정법에서는 피보험자에 대한 사회보험청장관(실제로는 사회보험사무소)의 조사권한을 강화하여 피보험자 본인, 그 배우자 또는 세대주의 자산·수입상황에 관한 서류·물건의 제출명령이나 질문권을 부여했다(국민연금 106조). 과거의 우체국이나 은행 등에 대해 자료제출을 요구할 수 있는 권한과 함께(국민연금 108조), 징수사무를 허가하려고 하는 개정이라고 할 수 있다. 그러나, 국민연금보험료의 수납률은 보험료수납사무를 시정촌에서 사회보험청으로 이관한 2002년도에 급속히 악화되어, 전국평균 62.8%, 2004년도 63.6%로 거의 같은 수준이다. 국민연금의 경우는 보험료부담이 높아 보험료미납·체납 등의 문제가 해소되지 않는 한 수납율의 개선은 어렵고, 세금의 강제징수에 비해 보험료의 강제징수비용이 높은 것을 감안하면 사회보험방식의 한계는 분명하다고 할 수 있다.

(14) 岩村正彦「2004년 공적연금개혁–개요와 검토」『ジュエリスト』1282호(2005년) p.45참조.

### 보험료고정방식과 마크로경제슬라이드의 도입 등

2004년 개정법의 또 하나의 핵심은, 보험료고정방식과 마크로경제슬라이드(피보험자의 감소 및 평균수명의 연장을 고려하여 연금지급액을 변동시키는 것)의 도입이다.

이 중에서 보험료고정방식은, 2017년 이후의 보험료를 고정하는 것으로, 후생연금보험료는 2004년 10월부터 보험료율을 매년 0.354%씩 인상하여 18.30%로, 국민연금보험료는 2005년 4월부터, 월 보험료를 매년 280엔씩 인상하여, 1만6천9백엔(2004년도 가격)으로, 각각 고정하는 것이 법률상 명시되어(국민연금법 87조, 후생연금법81조), 이미 보험료의 인상이 진행되고 있다.

후생연금의 경우, 개정 후에는 모델세대인 경우 현역세대 수입의 약 50%정도로 급부수준이 유지될 수 있도록 하고 있다고 설명했으나, 어디까지나 모델세대의 경우로(남편이 40년간 후생연금에 가입하고 부인이 전업주부인 경우), 맞벌이부부나 단신세대의 경우에는 이 50%이하가 될 가능성이 있으며, 모델세대에서도 급부수준이 저하하고 있는 것으로 나타났다. 또한, 시산의 전제가 된 것은, 합계특수출생률이 1.30인 상태에서 이후에는 1.39까지 상승할 것이라는 것이었다. 그러나, 이미 2003년 시점에서 출생률이 1.29로 시산의 전제 자체가 맞지 않는 상황이 발생하였다. 그럼에도, 후생노동성이 법안성립까지 이러한 자료를 숨기고 있었다는 것이 밝혀지면서 연금제도 그 자체에 대한 국민의 신뢰를 크게 실추시켰다.

마크로경제슬라이드방식이란, ① 공적연금 전체의 피보험자수의 감소율(2025년도까지 0.6%), ② 평균수명의 증가를 감안한 일정비율(0.3%)의 슬라이드조정율(①과②의 합계로 0.9%)을 본래의 연금급부액에서 빼는 방식으로(국민연금법 27조 4, 5/후생연금보험법 43조 4, 5), 이러한 조정기간이 종료되는 2023년에는 모든 연금수급자의 급부금액이 약 15%정도 감소할 것으로 예상된다.

그 밖에도, 부부가 이혼했을 경우 후생연금의 분할(후생연금보험법 78조 2, 3, 2007년 4월 실시), 제3호 피보험자기간의 후생연금의 분할(후생연금보험법 78조 2, 2008년 4월 실시), 고령노동자에 대한 재직노령연금의 개정으로 20%정지의 폐지(후생연금보험법 부칙11조, 11조2, 11조3), 육아휴업·개호휴업법 23조 1항 1호가 규정하는 육아휴업의 제도에 준하는 조치에 의한 휴업(1세부터 3세까지의 유아를 대상으로 함)기간 중에 보험료징수를 하지 않는다는(후생연금보험법 81조 2)등의 개정이 행해졌으나, 현안의 시간제 노동자의 후생연금보험의 적용확대는 2004년 개정법에서 미루어졌다.(15)

### 연금제도개혁의 방향

어쨌든 2004년 개정법은 부담증가와 급부삭감이 그 주된 내용으로 국민에게 안심을 주는 내용으로 보기는 어렵다. 이번의 개혁을 장기적인 관점에서 보면, 그 배경이 되는 것은 대략적으로 타당하다고 평가하는 견해(16)도 있으나, 개혁의 핵심인 고정화되는 보험료 수준에 대해서는 이미 법안이 성립된 다음날 6월 6일, 오쯔

(15) 파트타임노동자에의 후생연금적용확대를 시급히 실현해야하는 견해로 堀勝洋 『연금의 오해』(동양경제신보사, 2005年) p.28 이하 참조.
(16) 岩村·前揭注(14) p.50 참조.

지(尾辻) 후생노동성 대신(당시)이 보험료율이 15%에 달하는 2007년도에는 다시 검토한다고 발언하는 등(「일본경제신문」 2004년 6월 7일), 이미 개혁의 신뢰성이 흔들리고 있다.

또한, 법적인 관점에서 보면 2004년 개정법과 같이, 제도설계 및 평가의 본질적 요소인 출생률에 관해서도 오래된 자료가 활용된 경우에는 본래 입법부의 판단을 존중해야 하는 전제를 충족하지 못한 것으로 판단되어 이러한 입법과정 자체를 위헌으로 평가하는 것도 가능하다고 하는 지적도 있다.(17)

무엇보다도, 학생무연금장애인소송의 제기를 보아도 알 수 있듯이(제1장5참조), 전국민연금이라고 말하면서도, 현재 전국에서 약 12만 명의 무연금장애인, 게다가 약 60만 명의 무연금고령자가 존재하고 있다. 원래 「전국민연금」이라는 목표를 사회보험방식을 통해 실현시키는 것은 원리적으로 불가능하다는 지적도 있으며,(18) 개인적으로는 사회보험방식의 한계가 명백한 이상, 적어도 기초연금에 대해서는 전액 세금에 의한 공적 부담방식으로의 전환이 불가피하지 않을까 생각한다.(19)

---

(17) 小山剛=葛西まゆこ「연금개혁관련법과 헌법」『법학세미나』 598호(2004년) p.70.

(18) 里見賢治「보편적 연금제도의 확립·기초연금을 공적비용부담방식으로」『임금과 사회보장』 1373호(2004년) p.14 참조.

(19) 같은 제언은 많다. 里見·前揭注(18) p.13 이하 참조, 이것에 대해 조세방식은 가부장적이며 소득제한이 가해지게 된다고 보고 사회보험방식을 지지하는 견해로는 堀·전게注(15) p.165 이하 참조, 그러나 조세방식이라고 해서 반드시 소득제한이 가해져야 한다고는 볼 수 없고, 조세방식을 국가의 가부장적인 것으로 판단하는 것은 논리의 비약임.

## 05 의료제도개혁의 동향과 방향

### 의료제도개혁의 동향

끝으로, 의료제도의 개혁에 대해 검토해 보고자 한다. 의료제도개혁에 관해 보면 1980년대 이후 현재에 이르기까지 의료비 억제책이 전개되어 왔지만, 최근에는 특히 환자의 부담을 증가시키는 방향으로 개혁이 추진되고 있다. 즉, 2002년 10월부터 노인보건 분야에서 고령자환자의 창구부담비율이 10%로 고정되었고(일정소득 이상의 사람은 20%), 2003년 4월부터 건강보험에서도 본인부담은 30%가 되었다.

2004년에는, 구조개혁특구(특정지역에 한해 규제완화를 추진하는 제도)중, 의료특구에서 의료경영에 주식회사가 참여하거나 편의점에서 의약품을 판매하는 것 등을 요구하여, 후자의 의약품판매는 일부 실시되었으나 그 외에는 연기되었다. 그리고, 2004년 가을부터 연말에 걸쳐 논의의 핵심이 된 것은 혼합진료의 해금문제였다. 일본의 의료보험제도에서는 질병이나 부상에 대해 필요한 치료를 「요양급부」로써 현물급부하는 것을 원칙으로 하며, 환자의 지불능력에 따라 의료서비스가 차이가 나는 것을 방지하기 위해 보험급부의 부분과 스스로 비용부담을 하는 자유진료의 부분 등을 혼합하도록 하는 「혼합진료」는 원칙적으로 금지되어 있다. 이에 비해, 개호보험제도에서는 지급한도액이 설정되어 상한액을 넘는 부분의 본인부담에 의한 서비스이용, 말하자면 혼합개호가 인정된다고 볼 수 있다(단, 혼합개호의 이용자는 이용자 전체의 1.5%에 해당함, 제2장 1, 3장).

재계의 영향을 받은 규제개혁·민간개방추진협의회는 사적보험에게 유리한 시장형성을 목적으로 개호보험을 모델로 하여 집요하게 혼합진료의 해금을 요구해 왔다. 그러나, 이 문제에 대해서는, 일본의 의사회나 후생노동성의 반대가 강해 결국은 2004년 12월 15일, 당시의 오쯔지 후생성 대신과 무라까미 행정개혁 담당대신과의 사이에「말하자면, 혼합진료문제에 관한 기본적인 합의」가 이루어져 전면해금이 연기되었다.

혼합진료의 전면해금은 연기되었으나, 이를 대체하는 것이라고 볼 수 있는 **특정요양비제도**의 폐지·재편성이 합의되었다. 본래, 특정요양비제도는 1984년의 건강보험법의 개정에 따라 창설된 것이다. 고도선진의료 등의 부분을 자기부담으로 하고 치료를 수반하는 진찰, 검사, 투약, 입원료 등을 특정요양비로 보험에서 부담하는 구조이다. 이 제도는 고도선진의료가 보험 적용될 때까지의 과도기적 제도로서 도입된 것을 감안하여, 특정요양비의 대상은 고도선진의료와 선정의료(차액 침대비 등의 12항목)에 한정되었다.

1984년의 법 개정의 국회심의에서도,「고도선진의료」이외의 선정의료의 적용은, ① 환자의 자유로운 선택을 전제로 하고, ② 의료 그 자체가 아닌「쾌적성」등의 주변부분을 대상으로 하며, ③ 보험진료의 축소에 연결되지 않도록 운영하도록 할 것이 확인되었다. 그러나, 2002년의 진료보수개정에서 180일을 초과하는 입원기본료의 일부가 특정요양비화되어(제4장3참조), ①부터 ③의 원칙을 무너뜨리고, 실질적으로는 보험급부의 범위가 축소되어 실시되게 되었다. 게다가, 앞서 기술한 합의에서는 특정요양비제도를 폐지하고,「국내 미승인 약의 사용」을 시작으로 반드시 높은 기술을

*특정요양비제도

종래 보험진료와 자비진료의 혼합진료는 인정되지 않았지만, 1984년 건강보험법 개정으로 자유진료의 일부를 보험으로 급부하는 특정요양비제도가 도입되었는데, 당초의 목적은 보험적용이 되지 않는 고도선진의료를 받은 경우 전부가 자비진료가 되어 부담이 과중하게 되는 것을 방지하기 위해 고도선진의료를 제외한 진료부분의 보험급부를 가능하도록 한 제도임

요구하지 않는 선진기술이나 횟수 제한의 검사, 치료법 등에도 혼합진료를 확대 가능한 형태로 재편성한다고 하고 있다.(20)

### 후생노동성시안의 내용과 문제점1-의료비 증가의 억제

한편, 의료개혁법안은 2003년 3월 내각에서 결정된「의료보험제도체계 및 진료보수에 관한 기본방침」(이하,「기본법안」)에 대해 정부의 사회보장심의회의 의료보험부회와 경제재정자문회의가 중심이 되어 정부의 사회보장심의회, 의료보험부회와 경제재정자문회의, 규제개혁, 민간개방추진회의 등에서 개혁내용이 검토되어왔다. 그리고, 2005년 10월 19일, 후생노동성은 2005년 중에 개혁안을 완성하여 법률개정안을 2006년의 통상국회에 제출하기위해「의료제도 구조개혁 시안」(이하,「후생노동성 시안」)을 제시했다.

후생노동성 시안은, 우선 의료비 증가를 억제하기 위해 중·장기적인 대책으로 국가가 제시한 참작표준을 기준으로 건강증진계획, 의료계획 및 개호보험사업지원계획, 3개의 계획과의 정합성을 맞추며, 도도부현이 의료비적정화계획(가칭)을 책정하여, 정책목표를 내걸고 일정기간 이후(3년째)에 계획추진효과를 검증하는 구조(도도부현 의료비적정화계획제도)로 되어 있다. 그리고, 구체적인 정책목표(전국목표)로써 2015년까지, ① 생활습관병 예방을 철저히(의료보험자에 대해 건강진단이나 보험지도의 실시를 의무화)함으로써 생활습관병환자·예비군을 25%경감시키도록 함,

(20) 相野谷安孝「의료보장을 둘러싼 논점과 과제」相野谷ほか編, 제1장注(50) p.157, 본래 안전성, 유효성이 확인된 것은 보험이 적용되어야할 것이었으나, 늑장을 부려온 것이 문제이며, 보험 외로 고정화하는 것은 허용할 수 없다고 비판하고 있음.

② 평균입원일 수를 전국평균(36일)과 가장 짧은 나가노현(27일)과의 차이를 반으로 축소하도록 하는 것을 제시하고 있다.

다음으로 단기적 대책으로 공적의료보험의 급부범위의 개정, ① 고령자의 환자부담(종래는 70세 미만 30%/70세 이상 10%, 단 현역 및 소득자20%)[21]을, 2006년도부터 현역 및 소득의 70세 이상은 30%부담, 2008년부터 전기고령자(65세부터 74세)에 대해서는 20%부담, 후기고령자(75세 이상)에 대해서는 10%를 부담하도록 하고, ② 요양병동에 입원한 고령자의 식비·거주비의 부담을 증가시키도록 한다고 되어 있다.

어느 것을 보아도, 개정 개호보험법에서 강조하는 예방중심의 구조나 부담증가를 통한 급부억제내용이 포함되어 있다. 후생노동성은 이러한 시책에 근거하여 의료급부비의 증가를 2025년도에 56조 엔에서 49조 엔으로 억제가능하다고 보고 있다(그림 15).

그러나, 이러한 부담증가는 단기적으로 보면 의료비억제를 가능하게 하지만, 장기적으로 보면 진료억제에 의한 중증화로 의료비의 증대를 불러올 가능성이 높다. 무엇보다도, 그것은 국민의 건강파괴를 가속하는 것이 된다. 그리고 전기고령자(65세부터 74세)의 20% 부담, 후기고령자(75세 이상)의 10% 부담은 장래에 개호보험의 이용자부담에도 부담을 줄 가능성이 있다.

게다가, 후생노동성시안에서는 진료보수체계의 적정화가 제시되었다. 정부의 의료제도개혁의 기본적인 태도는 진료보수체계를 현행의 진찰한 만큼 지급하는 형태(出来高払い)에서 포괄·정

(21) 里見賢治 「사회보험시스템의 동요와 공적 개호보장(하)」『사회보험순보』 2214호 (2004년) p.20 이하는, 이러한 사회보험방식에의 응능부담형 이용자부담의 도입을 「사회보험방식의 전환」으로 비판하고 있음.

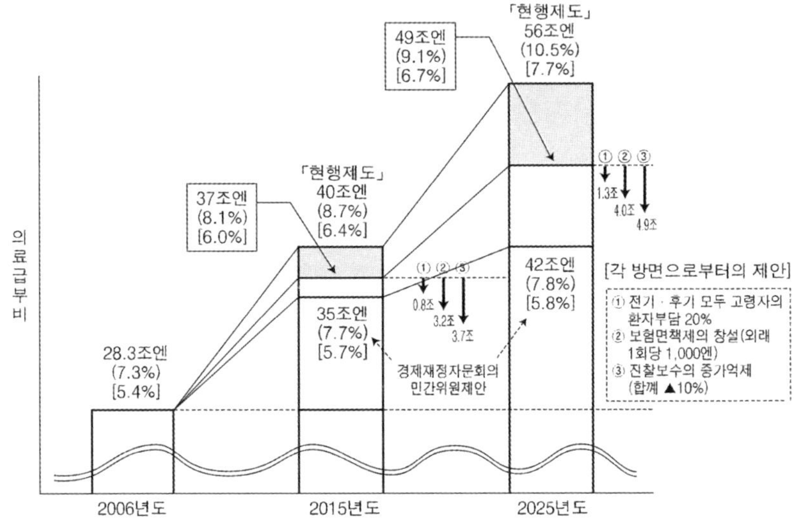


(주1) 의료급부비의 ( )는 대국민소득비, [ ]는 GDP대비, GDP의 증가율은, 2006년 2.1%, 2007년 2.4%, 2008년 2.8%, 2009~2010년 1.95, 2011년 이후 1.6%로 추계

(주2) 「현행제도」는, 2006년도 개산요구를 기산점으로, 2004년 5월의 「사회보장급부와 부담의 검토」에 근거하여 추계한 것.

(출처) 후생노동성자료, 일부수정

그림 15. 의료비적정화의 효과(후생노동성 시산)

액지급하는 형태로 전환하는 것에 있다. 후생노동성도, 포괄·정액지급방식을 확대하는 방향으로 진료보수개정을 반복하여, 이미 만성기의 의료나 재택의료에서는 포괄·정액지급방식이 기본이 되었다. 또한, 2003년10월부터 대학병원을 중심으로 특정기능병원의 입원의료에 포괄평과가 도입되었다.

이 포괄평가의 정식명칭은 「진단군분류(DPC)」라고 불리며, 의료기관별, 질병별로 1일당 입원비를 정한 것이다. 앞으로는 이러한 포괄·정액지급이 급성기나 중소병원도 포함해 모든 입원의료에 확대하려는 의도가 내포되어 있다. 단, 포괄·정액지급은 그 설정수준이 적정하고 의료수준을 확보할 수 있는 것이라면 이라면 문제가 없으나, 정부의 의료제도개혁의 기본방침이 의료비 억제에 있는 한, 처음에는 일정한 수준의 금액이 설정되겠지만, 점차 억제하는 방향으로 이동할 것은 확실하다고 하는 지적도 있다.(22) 실제로, 진료보수는 정부의 2006년도 예산에서 사회보장비를 2천2백억 엔 감소시키도록 하는 방침을 가지고 있으며, 2006년도 개정에서는 인하가 예정되어 있다.

### 후생노동성시안의 내용과 문제점2-의료보험제도체계의 개정

후생노동성시안의 제2의 핵심은 의료보험제도체계의 개정에 있다.

구체적으로는, 우선 보험자의 재편성·통합에 있다. 이 문제에 대한 정부개혁의 기본방침은 보험자의 도도부현단위의 재편성에 있다고 말해도 좋을 것이다. 환언하자면, 의료보험에 대한 국가의 운영책임과 재정책임은 축소하고, 정부가 관할하는 건강보험의 보험자를 국가로부터 독립된 공법인이 도도부현단위로 재정운영할 것, 시정촌의 국민건강보험에 대해서는 도도부현단위에서 광역화를 추진하도록 하고 있다.

이미 시정촌의 국민건강보험은 전체적인 재정위기가 진행되고 있음에도 불구하고 국고부담의 삭감이 이루어지고 있다. 말하자면 2004년도 말, 삼위일체개혁의 일환으로 2005년 예산에서 국

(22) 日野秀逸「의료보장에서의『구조개혁』노선과 국민의료노선」日野秀逸編著『시장화 속의「의료개혁」』(新日本出版 2005年) p.120 이하 참조.

민건강보험급부비에 대한 국고부담비율을 50%에서 43%로 삭감시켜, 국고부담액에서 7천억 엔을 삭감하고, 도도부현에 재원을 이양하도록 하는 것이 정해졌다. 게다가, 정부가 관할하는 건강보험에 대해서는,「국고보조배분방법의 검토」가 제기되었다. 전국일율적인 의료보험급부비에 대한 13%의 국고부담을 폐지하고, 도도부현별로 차이를 두어 국가의 운영책임과 재정책임을 축소하고 의료보험에 대한 국고부담을 삭감시키려는 것으로, 동시에 도도부현을 단위로 하는 보험자의 통합을 위한 현의 지도력을 높이고, 보험료의 평준화 등 보험료(세)의 인상압력이 가속될 위험이 있다.(23)

이와 함께, 새로운 고령자의료제도의 창설을 제시하고 있다. 고령자의료제도에 대해서는,「기본방침」에서 구상이 제시되어 있지만, 2005년 7월 7일에는 사회보장심의회 의료보험부회가「고령자의료제도에 대해」를 발표하였는데, 이는 이미 기존에 제시된 노선과 같은 것이었다. 이 제도는 75세 고령자에게도 의료보험료를 연금에서 자동적으로 갹출하도록 하여 징수하려는 것으로 예정된 보험료는 월 4천 2백 50엔 정도이다. 이를 개호보험과 합하면, 월 1만 엔을 넘는 금액이 연금으로부터 자동이체되게 된다. 공적 비용은 50%이지만, 노인보험의 갹출금제도가 폐지되고 그 부분이 고령자의 보험료로 대체되는 것을 의미하며, 고령자의료에 대해 기업은 사회적책임을 회피하게 되고, 반대로 젊은층에게는「고령자의료연대보험료(가칭)」명목으로 새로운 보험료를 부과된다.

일본의 의료비는 국제적으로 보아도 낮은 수준이고 그동안 최저수준이었던 영국에서도 블레어정권이 의료비증가를 표명한

(23) 같은 지적으로 相野谷·前掲注(20) p.159 참조.

현 시점에서, 지금 이대로라면 선진제국 중에 최저수준이 될 가능성이 있다. 앞으로 고령화가 진행되는 가운데 의료비의 증가를 억제하는 방침에는 한계가 있으며, 이는 모든 국민 모두가 해당되는 보험을 공동화시킬 위험이 있다. 이에 의료비억제책을 전환하여 공적 비용의 지출을 늘림으로써 의료보험재정의 재건을 도모해가야 한다고 생각한다.

# 종장
# 개정개호보험과 사회보장개혁을 넘어서

마지막으로, 지금까지의 고찰을 바탕으로 정부의 사회보장개혁의 특징을 밝히고, 개호보험에 전형적으로 나타나는 응익부담의 사고방식을 비판적으로 검토한 후, 개정개호보험과 사회보장개혁에 대항할 수 있는 생존권이념의 재구축 방향을 과제형식으로 제시해 두고 싶다.

## 01 사회보장개혁에 의한 사회보장의 재편성

### 생활보호에서의 「Work Only」정책

지금까지 기술한 바와 같이, 일본의 사회보장개혁에 의한 제도재편의 특징은 사회복지를 생활보호(공적부조)를 제외하고 사회보험방식으로 전환하고, 사회보험에 대해서는 종래의 의료보험 등도 포함하여 응익부담과 보험원리를 강화하여 사보험화하려는 점에 있다.

그리고, 생활보호제도는 「보충성의 원리」(생활보호법 4조)를 엄격하게 적용하여 보호신청자에 대해 자산 및 능력의 활용이나 의무부양우선을 철저하게 요구함으로써 신청의 억제를 꾀하고 있다. 특히 「가동(稼動)능력의 활용」이 보호의 중요한 조건으로 되어 있기 때문에 취로가능한 사람에 대한 생활보호급부는 상당히 제한되어 있다. 아무리 저임금인 상태에서 불안정한 일을 하더라도 (이러한 일이라면 확실히 다수 있음), 가동능력이 있다면 취업을 하도록 우선 요구하고 있으며, 일을 할 수 있으면서 하지 않고 있는(일을 하지 않음)사람의 생활을 금전급부로 유지시키지는 않는다. 일본에서는 최저생활보장의 급부를 하지 않는 채, 우선 취업하는 것을 요구하고 있다는 점에서 미국 등에서 불려지는 「Work First」의 정책이 아니라 「Work Only」의 정책이라 해야 한다는 지적도 있다.(1)

결과적으로, 일본에서는 저임금·불안정노동의 Working poor나 비상근노동으로 생계를 꾸려가는 젊은이, 한부모가정, 장기실업자, 노숙자와 같은 사람들은 가동능력이 있는 것으로 여겨져 생활보호급부를 받기 어렵다(유럽이나 미국 등의 제 국가에서는 오히려 이러한 사람들이 공적부조수급자의 대부분을 차지하고 있기

(1) 布川日史 「독일에서의 워크페어의 전개」 『해외사회보장연구』 제147호号(2004년) pp.42-43 참조.

때문에, 워크페어(Workfare)정책이 대두되었다고 말할 수 있다(제1장 4 참조). 일본의 생활보호수급세대의 절반정도는 고령자세대로 일할 능력이 있는 세대는 10%에 미치지 못하며, 수급율도 다른 선진국에 비해 극단적으로 낮다.(2)

취로지원은 이전부터 모자세대에 대한 시책으로 지자체 수준에서 전개되어 공영주택이나 보육소이용에 있어서 모자세대를 우선시하거나, 사업주에의 상용고용전환장려금사업이나 시행고용장려금 등을 실시해 왔다. 그러나, 모자세대의 모친이 실제로 취로(就労)할 수 있는 경우에는 거의가 저임금·불안정고용이고 취로지원도 체계적이라고 말할 수 없으며 실효성도 결여되어 있다. 무엇보다, 2002년의 아동부양수당법의 개정과 같이 취로기회의 개선이 행해지지 않은 채 급부억제를 꾀하는 시책이 전개되고 있다는 점에 문제가 있다.

### 사회보험의 사보험화, 자조시스템형으로의 개편

결국, 일본의 사회보장개혁에서 보여지는 사회보장제도개편의 방향은, 「무부담·무급여」의 원칙에 철저한 보험주의의 강화(사회보험의 사보험화), 또는 자조시스템형으로의 개편이라고 할 수 있다. 일본에서는 생활보호나 복지급부의 수급은 변함없이 권리라고 의식되지 못하고 사회보장급부를 받는 조건으로써 인식되고 있으며, 개호보험료 부담과 같이 저소득자나 많은 고령자의 부담능력을 고려하지 않은 채 부담이 가중되고 있다.

(2) 2004년 6월 금융자산에 대한 여론조사에 의하면, 2인 이상 세대에서 저축제로 세대는 약 23%에 달하고 있다. 여러 조사에서 추계해 보면, 일본의 생활보호수급률은 20%정도임.

특히 개호보험제도에 대해 후생노동성은, 개호보험료를 지불함으로써 개호보험제도라는 「서로 돕는 고리」에 참가할 수 있고 서비스도 낙인 없이 이용할 수 있으므로 고령자가 아무리 저소득·무수입상태이어도 보험료를 지불해야 한다고 한다. 참가형태가 다양한데도 불구하고 금전적 부담 이외는 「서로 돕는 고리」에 참가할 수 없도록 하고, 자치의식도 싹트지 않게 하는 논리는 무엇보다 기묘한 핑계라고 볼 수밖에 없다. 국민건강보험제도 또한, 보험료 부담이 많은 가입자의 부담능력을 초월하고 있는 것을 무시하고, 보험료체납자가 보험증을 사용하지 못하도록 하는 자격증명서를 발행하는 등의 이유로 의료를 받을 수 없게 되어 사망자가 발생하는 지자체도 있다.

이와 같은 사고방식은 복지서비스이용자는 어떠한 금전적인 부담을 하던지 혹은 저임금의 노동에 종사하여 스스로 의존상태를 극복해야 한다는 신자유주의의복지관(3)에 기초한다.

이러한 관점에서 보면, 보험료부담이 곤란한 저소득자는 사회의 무거운 짐이고, 부담이나 노동을 통해 자립(공적 비용지출을 동반한 복지서비스에 의존하지 않는다는 의미에서의 자립)을 강요당하는 객체일 뿐이다. 오히려, 이들은 치안을 위협하는 존재로 간주되어 격리와 배제의 대상이 되어 가고 있다는 지적도 있다.(4) 그리

(3) 「신자유주의」는 다의적인 개념으로, 거의 같은 의미로 「뉴라이트(The New Right)」나 「신보수주의(Neo-Conservatism)」(일본에서는 「네오콘」이라고 약칭되기도 함) 등의 용어도 사용되기도 하지만, 여기서는 「전후(戦後) 복지국가체제를 비판하고, 개인의 자유와 시장기능에 전면적인 가치를 두고 작은 정부를 지향하는 1970년대 후반 이후 정책적 영향력을 증대시킨 사상 조류」라고 정의해 둔다. 단, 뉴라이트사상에 대해서는 伊藤周平 「복지국가와 뉴라이트」『大原社会問題研究所雑誌』 435호(1995년) p.2 이하 참조.

(4) 齋藤純一 「사회분단과 세큐리티의 재편」『思想』 925호(2004년) p.40 이하 참조.

고, 이러한 차별적인 논리는 저소득자를 취로나 봉사활동에 강제적으로 유도하는 정책의 근거가 될 수 있다(제1장 4 참조).

## 일본에서 복지국가적 합의의 곤란성

본래 사회적권리란 어떤 것(금전적 부담이나 취로 등의 노동시장에의 참가, 인간으로서의 존엄을 상실하는 것 등)과 맞바꿔서 얻어지는 권리가 아니다. 그것은, 사람이 의료나 복지의 급부가 필요할 경우 무조건 급부를 수급할 수 있는 권리이며 인권의 하나라고 말해도 좋다. 이것은, 일본의 헌법 25조나 세계인권선언, 국제인권규약 등에 명시되어 국제적으로 합의되어 있는 것이다. 그러나 현실에서는 사회적 권리, 그 중에서도 복지권리는 시민적권리나 정치적권리에 비해, 의존적·수동적인 것으로 인식되어 권리·인권으로써 의식되는 것이 어려웠다. 복지국가의 본질을 개개인의 사회적 지위로써의 시티즌십(5)에의 사회적권리의 포섭으로 규정한 T. H 마샬과 같은 관점에서 본다면,(6) 서유럽국가에서도 복지국가화의 추진, 즉 사회보장의 확대에 대한 합의(이하 「복지국가적 합의」라 함)는 곤란하다는 것을 의미한다.

종종 일어나고 있는 국제화·세계화라는 사회경제상황의 변화는, 복지국가적 합의의 형성을 점점 곤란하게 하고 있다고 생각되어진다. 특히, 일본은 마샬의 복지국가체제와 복지국가적 합의가 없는 상태에서, 사회보장제도는 제도간의 격차를 남긴 채로 기

(5) 「시티즌십(citizenship)」은 통상은 「시민권」으로 해석되지만, 일본어로 「시민권」이라 했을 경우, 시민적 권리나 공민권 등의 좁은 의미로 사용되는 경우가 많기 때문에 여기서는 그대로 「시티즌십」이라고 표기함.

(6) 마샬의 시티즌십론과 복지국가론에 대해서는, 伊藤·제1장注(36) p.29 이하 참조.

업복지나 가족에 의존해 발전해 온 경위가 있다. 그리고, 일본의 노동조합은 기업에 의존하는 것에서 벗어나지 못한 채, 서유럽국가의 노동조합과 같은 보편적인 사회보장제도 확립의 요구를 오랫동안 소홀히 해 왔다.

그렇기 때문에, 경제성장은 기대할 수 없게 되어 분배해야 할 파이에도 한계가 있음이 명확해짐과 동시에 불평등이나 계층차이가 확대되면, 고소득자를 중심으로 스스로 보험료나 세금부담을 경감하기 위해 공적인 보장은 최저한도로 축소하고 그 이상은 스스로 부담하는 시스템으로 해야 한다는 요구, 다시 말하면 사회보장의 계층화정책에 대한 요구가 높아지는 것은 불가피하다고 말한다. 정치적으로 보면, 일본에서는 1990년대 후반부터 구조개혁노선의 등장과 보조를 맞춘 형태로, 이러한 계층화정책의 요구가 현저히 나타나고 있다(제1장 4 참조). 그리고, 종종 이에 속한 사람들의 정치적 영향력이 강해, 오피니언 리더(opinion leader)적인 역할을 하고 있다.

예를 들면, 사회보장개혁 또는 사회보장의 계층화정책의 선구가 된 개호보험을 추진한 오피니언리더는, 요개호고령자 본인이나 가족이 아닌 고수입의 노동자나 고소득자였으며, 이러한 상류층노동자를 지지기반으로 하고 있던 민주당은, 개호보험제도의 도입을 자민당이상으로 적극적으로 지지해 왔다.(7) 반대로, 가장 사회보장급부를 필요로 하고 있는 저임금·불안정고용의 노동

---

(7) 개호보험의 경우는, 그 추진운동이 「개호의 사회화」라는 이름하에 이러한 계층성을 은폐한 채 시민운동의 형태로 전개되었다라는 점에 특징이 있다. 또, 개호보험창설 과정을 종래의 일본적 통치시스템에서의 시민운동의 결과로 보는 견해로 竹田茂夫『사상으로써의 경제학-시장주의의 비판』(青土社, 2001년) p.96 이하 참조.

자나 저소득자는 정치적으로 가장 약한 입장에 놓여 있다.

게다가, 최근에는 의료비억제를 위해 「성인병」을 「생활습관병」으로 바꿔 말하고, 자신의 건강관리소홀로 인해 병에 걸린 사람(자기책임론)에게는 보험적용을 하지 말아야 한다는 주장이나, 인지증(치매) 고령자의 치료를 부정하는 새로운 논의들까지 등장하고 있다.(8)

개정개호보험법이나 후생노동성의 의료제도구조개혁시안에서 보이는 예방중시의 사고방식의 배후에는 이러한 자기책임론이 존재하고 있다(제3장 5, 제5장 5 참조). 그리고, 이러한 사상이 권력과 결합되면 장애인이나 고령자의 조직적 말살까지 초래될 수 있다는 것은 나치스의 예로 잘 알 수 있다. 역사적으로 보더라도, 사회보장비의 억제와 군비비 증강과는 상관관계가 있고, 헌법 25조의 공동화가 진행되고 있는 현재 헌법 9조 개정을 포함한 개헌의 움직임이고 있는 것은 시사하는 바가 크다(제 1장 4 참조).

## 02 응익부담을 둘러싼 문제

### 조치제도 하에서의 비용징수제도

다음으로, 개호보험제도에서 제시된 응익부담에 대해서 검토한다. 개호보험법이 시행되기 전까지 고령자복지는 소득에 따른 응능(応能)부담이 원칙적으로 적용되어 왔다. 여기에서는 먼저, 종래의

(8) 질병의 자기책임화라는 문맥에서, 후생노동성이 추진하고 있는 「건강일본 21」 프로젝트를 비판한 것으로, 小幡正敏 「AAA의고령자-동원하고 선별하는 보험」 『현대사상』 30권7호(2002년) p.144.

조치제도 안에서의 응능(応能)부담의 구조에 대해서 보기로 한다.

종래의 조치제도의 비용징수제도는, ① 비용부담에 대해서는 입법상 응능(応能)부담의 원칙이 유지되었으며, ② 비용징수액은 조치에 필요한 비용의 전부 또는 일부로 되어 있었지만 행정해석에서는 조치에 필요한 비용의 전액을 본인 또는 부양의무자로부터 징수하는 것을 원칙으로 하고, 예외적으로 부양의무자등이 부담능력이 없다고 인정된 경우에는, 비용의 경감 혹은 면제의 조치를 행한다는, 「전액징수원칙」으로,(9) ③ 본인뿐 아니라 부양의무자도 비용징수의 대상이 된다는 데에 특징이 있다.

*시미즈소송

보육비용의 부담액을 둘러싼 논쟁

이 중에서도, ②에 대해서는 헌법이나 아동복지법 등 사회복지 각 법의 이념·원칙에 비추어보아, 전액징수원칙에 반대하는 학설이 유력했으나,(10) 보육비용의 부담금액 결정을 둘러싼 **시미즈소송**에서는 제1심, 상고심 모두 행정해석을 지지하여 전액징수원칙을 인정하고 있다(상고심 판결에 대한 최고재판소판결, 1990.9.6 보정 165호 34항).(11) 그러나, 조치에 필요한 비용은 인건비를 포함

(9) 응익부담을 부과할 때 비용 중 일부를 부담하는 것을 표준으로 하여, 부담능력에 따라 금액을 단계적으로 증가시키는 것과, 비용전액을 부담하도록 하는 것을 표준으로 하고 부담능력에 따라 금액을 단계적으로 줄이는 두 가지 방식이 있다. 伊藤周平「사회복지의 재정과 이용자부담」河野正輝외 편『사회복지법입문』(有斐閣2004년) p.240 참조, 조치제도에서 행해진 복지조치 또는 시설조치비용에 대해 지불된 조치비용을 전액 징수하는 후자의 방식을 원칙으로 하고 있는 것이「전액징수원칙」임.

(10) 田村和之「보육법제의 과제」(勁草書房, 1986년), p.109 이하 참조.

(11) 같은 판결의 평가와 해석에 대해서는 高田清恵「보육비용 부담액의 결정」『사회복지보장판례100선[제 3 판]』(有斐閣, 2000년) p.212 이하, 堀勝洋「보육료의 징수가 헌법, 이외의 다른 법령에 위반하지 않는다는 사례」『계간사회보장연구』27권 1호(1991년), p.94 이하를 각각 참조, 단, 상고심에서는 보육비용의 징수가 조례에 의하지 않고 규칙에 의거하여 행해진다는 것의 위법성, 특히 헌법 84조의 조세법률주의와의 관련도 다투어졌지만, 최고재판소는 보육료는 조세에 해당하지 않음으로 비용징수는 조례에 의거하지 않고 가능하다고 판시하고 있음.

한 사무비도 포함된 것으로 그것을 공적 부담으로 하지 않고, 본인이나 부양의무자를 징수대상에 포함시키는 것은, 헌법 25조에 어긋난다는 지적도 있다.(12) 헌법 25조나 사회복지 각 법의 이념·원칙에 따르면, 사회복지의 비용부담에는 공적 책임이 있다고 해석할 수 있으며 전액징수원칙이나 그것을 지지하는 학설·판례는 법해석론적인 관점에서도 무리가 있다고 생각된다.(13) 그러나 조치제도는 부담기준을 세세한 계층구분하고 있음과 동시에 전액징수원칙을 취하고 있으며, 세제전용(税制転用)방식(14)에 따라 부담금액이 결정되었기 때문에 고소득자는 물론 중간소득자도 부담이 가중되었으며, 특히 중간소득자의 서비스이용이 저해되기 쉽다는 문제가 있었다.

그리고 ③에 대해서 보면, 일반적으로 부양의무자란 민법상의 부양의무자로 해석되어 배우자, 직계혈족 및 형제자매, 또한 특별한 사정이 있는 경우 3촌 이내의 친족으로 되어있다(민법 752조, 877조 1항, 2항). 학설에서도 부양의무자로부터의 비용징수는 민법상 부양의무의 범위 내에 한정되어 민법의 규정이나 그 해석이론에 따라 행해져야 한다는 학설(15)과, 사회복지입법의 비용징수는 일정의 행정목적을 달성하기 위해 행해지는 행정처분이라 하는 학설(16)이 있다.

---

(12) 小川政亮「비용징수제도검토의 기본적 시점」小川政亮외 편『사회복지의 이용자부담을 생각한다』(ミネルヴァ書房, 1993년) p.226 이하 참조.
(13) 같은 지적으로 秋元美世「보육료 재판의 쟁점」小川외 편, 전게주(12) p.183 참조.
(14) 세제전용방식이란 전년도의 과세 유무 및 세액에 따라 이용자 부담액을 인정하는 방법을 말한다. 平部전게주(9) p.243 참조.
(15) 上野雅和「사회복지에서의 비용징수와 비용문제-부양의무자로부터의 비용징수」『사회복지연구』39권3호(1986년) p.31 이하 참조.
(16) 堀勝洋『복지개혁의 전략적 과제』(中央法規, 1987년) p.85 이하 참조.

민법 752조의「배우자 상호부조의무」가「생활보호 및 유지의무」인 데에 반해, 민법 877조의 부양의무는「생활부조의무」를 의미하고, 부양상의 의미는 다르다고 보는 것이 일반적이다.(17) 이러한 의미에서, 부양의무자로부터의 비용징수는 적어도 고령자나 성인장애인의 경우 부담의무를 지는 부양의무자의 범위는 민법보다 제한적으로 해석되어야 한다고 생각한다.(18) 이러한 점에서, 지적장애인의 시설입소 비용부담의 위법성을 따진 **엔도소송**의 공소판결정(동경고등재판소판결, 1981.3.25 판시 1011호 44항)은 후생성통지(당시)의 위법성이라는 원고의 주장에는 응답하지 않았지만, 세대개념을「당사자의 주관적인 의식에 따라서도 좌우되는 경우도 있다」고 탄력적으로 해석하여 자식과 다른 세대라고 하는 원고의 주장을 인정하였다.(19)

*엔도소송

지적장애인의 시설입소비용부담의 위법성을 다룬 소송

이상과 같이, 지금까지 조치제도 안에서는 응능(応能)부담이 원칙적으로 적용되어왔지만, 그것은 전액징수원칙 등 다른 예가 없는 변칙적인 제도였다. 그리고 장애인복지는 조치제도에서 지원비제도로 전환된 이후에도 기본적으로 조치제도와 같은 비용징수제도의 원칙이 답습되었지만, 장애인자립지원법성립이 성립되어 응익부담으로 전환되었다(제5장 2 참조). 이러한 정부의 사회보장개혁에 의해 사회복지분야에서도 응익부담원칙이 점점 확대되고 있다.

---

(17) 於保不二雄編『신판·주석민법(23)친족(4)』(有斐閣, 1973년) p.370 참조.

(18) 같은 지적으로 矢嶋里絵「장애인복지시설의 비용징수」小川외 편·전게주(12) p.103 이하 참조, 또한 平部전게주(9) p.242에서도 생활보호법에서 부양의무자의 부양은 보호여부 및 정도를 정하기 위해 최대한 활용되어질 필요가 있는 것에 반해, 사회복지의 이용자부담으로 요구되는 부양의무자의 역할은 이용자부담은 본인에 의하는 것이 본래의 모습이라는 보고 보완적인 것이라고 지적하고 있음.

(19) 같은 판결의 평가와 해석에 대해서는 小島晴洋「지적장애인의 시설입소와 비용부담」·전게 주(11)『社会福祉判例百選』p.226 참조.

## 응익부담제도 도입근거와 문제점

응익부담제도를 도입하게 된 근거는 개호보험의 경우 의료보험과 같이 사회보험방식을 취하고 있는 것 이외에, ① 코스트(cost) 의식의 환기, ② 보험재정의 부담완화, ③ 서비스의 과잉이용에 대한 억제, ④ 서비스를 이용하는 사람과 이용하지 않는 사람 간의 불공평의 완화 등을 제시할 수 있다.(20)

이 중에서 ①과 ④에 대해서 보면, 본래 공적인 사회보험제도에서는 우연히 보험의 대상이 되는 사고를 당해 급부를 수급하게 된 피보험자와 그렇지 않은 피보험자와의 사이에 부담의 불공평이 있다는 논의는 성립될 수 없다. 이는 사회보험제도 자체가, 급부수급자와 비수급자와의 수익의 차이는 당연한 것으로 용인하고 있기 때문이다. 더구나 보험료를 갹출하여 급부수급권을 취득한 피보험자에게 코스트의식을 환기시킬 필연성은 전혀 없을 것이다. 또한 ③ 과 관련하여 보면, 서비스 과잉이용의 사실이 실증되어 있지 않다고 하는 치명적 문제가 있다(실증하는 것 자체가 불가능하다고 생각됨).

결국 남는 것은 ② 의 재정적 이유이지만, 호리키소송최고재판소판결(제1장 2 참조)을 현실 입법으로 구체화함에 있어 국가의 재정사정을 무시할 수 없다」라는 판례의 입장에서 보면, 보험재정의 사정을 고려한 이용자부담의 설정도 허용된다고 말할 수 없는 것은 아니다. 그러나, 일정 비율의 이용자부담은 서비스의 이용억제가 저소득자에게 집중적으로 발생하는 구조로 되어 있는 점(이

(20) 増田雅暢「이용자부담의 행방」『월간개호보험』97호(2004년) p.65, 특히 개호보험의 이용자부담에 대해서는『알기쉬운 개호보험법[신판]』(有斐閣, 2000년) p.64 참조, 후생노동성(행정해석)의 논거와 같은 취지.

문제는 헌법 14조의 평등원칙 위반의 가능성도 있음), 서비스의 이용억제가 저소득자(세대)로 하여금「건강하고 문화적인 최저한도의 생활」수준을 밑도는 생활상태를 초래할 가능성이 있기 때문에 이것도 합리적 논리라고는 보기 어렵다.

코스트의식을 강조하는 것은 요개호상태가 되지 않도록 예방하는 국민건강증진의무를 규정한 개호보험법 4조 1항의 규정(개정개호보험법의 신예방급부 도입의 근거가 되는 조문이지만)과 함께, 요개호상태가 된 피보험자와 그 예방에 성공한 피보험자 사이의 불공평을 시정하기 위한 제재의 수단으로 자기부담 하도록 하는 자기책임론의 발상과 다름없다. 그러나 이는 헌법 25조 2항이 정하는 사회보장의 공적책임의 이념과 상충되는 발상이다.

게다가, 계약제도 안에서의 응익부담의 도입은 서비스이용자가 어떠한 사정으로 비용(이용자부담분)을 지불할 수 없게 될 경우에 문제가 발생한다. 조치제도에서는 조치권자인 시정촌이 다른 부담자인 국가나 도도부현에 요구할 수 있는 것은 지불한 조치비의 총액에서 이용자부담을 뺀 나머지로, 시정촌은 이용자의 부담금까지 대신 지불해야 했지만(동경고등재판소판결, 1989. 9.27 판자 74호 54항), 비용징수의 관리 등은 시정촌의 책임이었다.

한편, 개호보험이나 지원비제도 등의 계약제도에서는 사업자·시설이 이용자의 부담금을 징수하고 채권관리도 사업자가 행한다. 또한, 지원비제도에서는 이용자부담금의 체납자에 대한 지원비의 지급정지나 지급취소 등의 벌칙이 마련되어 있지 않아(즉 지급결정을 행한 시정촌은 체납자와 완전히 무관계가 됨), 이용자(장애인)가 지불을 체납한 경우 사업자는 계약에 준한 지불을 독촉

할 수 있고, 그래도 지불하지 않는 경우에는 사업자는 민법에 의해(민법541조) 이용계약을 해제할 수도 있게 되어있다(후생노동성 장애보건복지부 기획과 통지「지원비제도 Q&A」2002년 4월). 그러나 시설이용계약의 경우, 계약해제가 되더라도 갈 곳이 없는 이용자를 시설에서 쫓아낼 수도 없고, 채권회수업무에서 제외된 시정촌의 대응도 느려 일부시설에서는 매월 연체액이 증가하고 있는 실정이다(제4장 3 참조).

개인적으로는 복지나 교육서비스에 대해서는 무료를 원칙으로 해야 하고, 특히 복지서비스의 경우에는 필요한 것을 전부 급부하는 것이 바람직하다고 생각한다. 헌법상에도 응익부담의 규범적 근거가 되는 조문은 보이지 않으며, 또 사회보험방식이기 때문에 응익부담이 원칙이어야 한다고는 말할 수 없다. 실제 독일의 개호보험에서는 이용자부담은 없고 100% 급부가 원칙이다. 오히려 보험료 갹출을 바탕으로 한 급부인 이상, 사회보험급부도 적어도 피보험자 본인에 대해서는 100%급부가 원칙적으로 이루어져야 하는데, 일본의 의료보험과 같이 피보험자 본인에게 30%를 자기부담하도록 하는 것은 이상하다고 말할 수 있다.

## 03 생존권이념의 재구축

### 사회보장개혁의 대항축으로써의 생존권이념

바람직한 사회보장개혁은, 제1장 5에서 본 것처럼 대기업·고소득자의 우대세제나 감면을 중단하고(오히려 증세를 행함), 이를 재원으로 사회보장급부를 확충하여, 격차를 시정함과 동시에 사회보험료부담 등의 응능부담을 철저하게 해서 사회보장의 소득재분배효과를 높여가는 것이다. 노동법분야에서도 해고규제법을 제정하고 동일노동 동일임금의 원칙과 전국적인 최저임금제도를 확립하여, 여성이나 비상근노동자에 대한 차별대우를 해소하고 정규노동자를 증대해 갈 필요가 있다.

그러나, 앞서 말한 바와 같이 현재 일본의 정치적·사회적 상황을 보면 이러한 시책이 실현될 가능성은 거의 없을 것이다. 그 뿐만 아니라 개호보험이나 현재 사회보장개혁에 대해서도 국민들은 크게 비판하고 있지 않다. 가장 큰 원인은 개호보험의 비참한 현실이나 사회보장개혁의 본질(혹은 그 위험성)이 많은 사람에게 알려지지 않고 있다는 점에 있다고 생각된다. 또 개호보험에서 중고소득자는 앞서 말한 바와 같이 전액징수원칙을 취했던 조치제도 때보다 부담이 경감되어 어느 정도 혜택을 받고 있는 한편 가장 큰 피해를 입게 되는 대상이 저소득자나 독거노인, 저연금의 고령자세대 등인 데에 문제의 심각성이 존재한다.

이러한 사람들은 하루하루의 생활에 쫓겨 목소리를 높일 수도 없으며 스스로 어떻게 해보려고 하는 경향이 강하기 때문에, 개호보험 하에서는 서비스이용에서 배제되기 쉽고 생활파괴에 직면하여 죽음에 이르게 되는 등 생존권의 위기에 노출되어져 있다.

동시에, 많은 사람들은 이러한 사람들의 생활파괴나 아픔에 무관심하다. 게다가 후생노동성 등은 개호보험의 문제는 사업자의 대응이나 이용자의 선택에 따라 바뀌는 것으로 개호보험 하에서의 부담증가와 서비스수준의 저하를 정당화하고 자기책임을 강조하는 개호보험옹호론, 더욱이 앞서 말한 바와 같이 노인의료비고등론(高騰論)을 유포하고 있다. 언론에서도 규제완화와 자기책임이라는 명목 하에 고령자의 부담증가와 저소득자를 배려하지 않는 정책 등을 정당화하고 있다.

하지만, 현재 진행되고 있는 사회보장개혁은 많은 국민에게 지금 이상의 생활불안과 생활파괴를 초래할 수 있기 때문에 생활의 안정이나 사회보장의 충실을 요구하는 운동은 앞으로 많은 국민들의 공감과 협력을 얻을 수 있는 가능성이 높다. 앞서 일본에서는 복지국가적 합의가 곤란했다고 말했지만, 생활불안이 높아지면서 각종의 여론조사에서도 사회보장확대를 바라는 사람이 증가하고 있어 오히려 지금이야말로 그러한 합의가 형성되기 쉽다고도 말할 수 있다. 당사자나 그 대변자(시설경영자나 사업자도 포함), 나아가 그러한 사람들을 지지하는 운동이 확대된다면 앞에서 제언한 것처럼 개호보험개혁안(제2장 5 참조)의 실현이 부분적으로나마 가능하지 않을까 생각된다. 그러한 의미에서, 보다 많은 사람에게 현 상태를 알기 쉽게 설명하고, 사회보장문제를 정치적 쟁점으로 하는 운동이 확산될 필요가 있다. 동시에, 헌법 25조에 의거하는 사회보장이념을 재검토하는 작업이 필요하다. 이것이 생존권이념의 재구축이다. 여기서는 생존권이념의 재구축의 방향을 제시하고 결론을 짓고자 한다.

### 생존권이념의 재구축의 방향

첫째로, 생존권보장은 사회보장급부에 의한 「건강하고 문화적인 최저한도의 생활」 보장에 그치지 않고 사회적으로 배제되지 않도록 하는 것, 즉 사회적 지위로써의 시티즌십을 잃지 않는 상태를 보장하는 것으로 재구성될 필요가 있다. 여기에서는, 급부내용이 「건강하고 문화적인 최저한도의 생활」을 보장하는 것은 물론이고, 급부방법에 있어서도 시티즌십이 침해되지 않아야 한다.(21) 다시 말해, 사회보장급부를 받을 수 있는 조건도 시티즌십이 손상되지 않음을 전제로 설정되어야 하고, 취로와 사회보장급부를 분리하는 Basic Income(최저소득보장)정책이 규범적으로 요구되어진다.(22)

두 번째로, 신자유주의정책이 취해질 수밖에 없는 불안정한 상황에서 집합적인 생활보장의 권리로써 생존권을 재구성하는 것은 가능하다. 앞서 말한 바와 같이 현재 일본에서는, 신자유주의적인 사회보장의 계층화정책으로 많은 사람들의 생활곤란이 가중되고 생존에의 불안을 이용한 착취적인 노동이나 고용형태가 만연하고 있다. 그러나, 생존을 위해 저임금·불안정 고용이나 착취적 상태(예를 들어, DV의 피해를 받으면서 수입원이 확실지 않아 생활할 수가 없어 이혼을 하지 못하는 여성(23))로부터 이탈할 수 없

(21) 특히 문제가 되는 것은 생활보호수급자에 대한 지도 등에 의한 자유계약이다. 이 문제에 대해서는 遠藤·제1장 주(38) p.174 이하 참조.

(22) Basic income론에 대해서는 Fizpatric, T., Freedom and Scurity. An Inroduction to the Basic Income Dedeate, Macmillan. 1999, chap. 3. 참조.

(23) 프라저, N는 젠더적 공평의 규범적 원리의 하나로써 「반착취원리」를 들고 있다. 이것의 목적은, ① 남편 등 가족 내의 어떤 개인에게 착취적 의존, ② 고용주나 감독자에게 착취적 의존, ③ 관료(케이스워커)의 일시적 기분으로 착취적 의존이라는 3종류의 착취적 의존을 방지하는 것에 있고, 그렇게 하기 위해서는 복지급부 등의 지원이 권리로써 제공되어져야 한다고 한다. Fraser, N., Justice Interruptus: Critical Reflecetions on the Post-socialist Condition, Routlege. 197, chat. 2 참조

단, 모든 의존이 착취적이라고는 말 할 수 없으며, 예를 들면, R. Goodin은 의존을 착취적인 것으로 말할 수 있는 조건으로, ① 관계가 비대칭적일 것, ② 하위의 사람이 상위의 사람이 공급하는 자원을 필요로 하는 경우, ③ 하위의 사람이 필요한 자원 공급을 어느 특정 상위의 사람에게 의존하는 것, ④ 상위의 사람은 하위의 사람이 요구하는 자원에 관해서 그것을 마음대로 할 수 있는 권한을 가지고 있는 경우의 4가지를 들고 있다. Goodin, R. E., Reasons for Welfare : The Political Theory of Welfare State, Princeton University Press. 1988, pp.173-176참조.

는 것은 정치적 자유도 포함된 자유(권)가 침해되고 있음을 의미한다. 생존권의 의의는 사회보장급부로「건강하고 문화적인 최저한도의 생활」을 보장하는 것을 통해, 착취상태에 있는 사람들이 그 상태에서 벗어나도록 하는 가능성을 높이고, 나아가서는 민간보험 등에 의존하지 않고, 개개인의 건강·생명·자유(재산도 포함해도 좋음)를 안정적으로 보장하려는 데에 있다.「집합적으로 안전이 보장되는『권리로써의 생존(24)』은 강조되어야 하며, 현재와 같은 상태에서는 많은 국민의 공감을 얻기 쉬울 것이다.

세 번째로, 생존권을 정책전환을 도모하기 위한 이념적 무기로 재구성해 가는 것이 가능하다. 앞서 말한 바와 같이, 본래는 생존권보장을 위한 사회보장정책이 보장원리의 강화나 응익부담화되어 개호보험제도에서와 같이 저득층에게 부담능력 이상의 부담을 강요하는 등, 오히려 생활을 압박하고 있다. 이러한 상황을 생존권(특히 자유권으로서의 생존권)의 침해라고 법률로써 구성하고, 국가권력에 의해 침해되지 않는 자유권적인 의미에서의「건강하고 문화적인 최저한도의 생활」의 내용을 명확하게 밝힐 필요가 있다. 이것이, 입법재량에는 맡길 수 없는「건강하고 문화적인 최저한도의 생활」수준을 명확하게 하는 것에도 이어진다. 개인적으로는, 헌법이 권리로써 보장하고 있는 생존권을, 현재의 사회보장개혁을 규제하고 정책을 전환시키는 강력한 규범으로 정착시키기 위해서는 헌법 25조의 생존권이나 시티즌십의 이념을 구체화한 사회보장기본법과 같은 이념법의 제정이 필요하다고 생각하고 있다. 이 기본법의 내용에 대해서는 다음을 기약하기로 한다.

(24) 遠藤·전게주(4) p.44.

# 후기

본서는 필자가 2004년부터 2005년까지 개호보험과 지원비제도에 대해 쓴 논문을 기초로, 각 논문을 대폭적으로 수정하여 개정개호보험법의 내용과 문제점, 나아가서는 사회보장개혁의 동향과 앞으로의 방향에 대해 적은 것이다.

패전 후 60년을 맞이한 2005년은 개정개호보험법이 성립되어 개호보험시책이 급부억제로 크게 전환됨과 동시에, 전후의 장애인복지시책의 큰 분수령이 되는 장애인자립지원법이 성립하는 등, 사회복지분야는 격동의 한해를 맞이하였다. 필자 자신도, 2005년 6월 7일에는, 개호보험법개정법안을 심의중인 참의원 후생노동위원회에 참고인으로서 출석하여 의견을 말할 수 있는 기회를 부여받은 해였다. 또한 5월 12일에는 동경의 히비야공회당 야외음악당에서 약 6,500명이 참가한 「5·12『장애인자립지원법』을 생각하는 모두의 포럼」집회에, 전문가집단의 패널리스트로 참가하여 의견을 발표하기도 하였다. 이러한 기회가 주어질 때마다, 이는 모두 급부억제를 위한 법안이므로 폐기할 것을 주장해 왔지만, 유감스럽게도 양 법안 모두 이러한 반대하는 의견은 무시된 채 성립한 것은 앞에 기술한 바 있다.

특히, 장애인자립지원법에 의한 응익부담의 도입에 대해서는, 전국 각지에서 장애인 및 장애인의 가족으로부터 반대의견이 분출하고, 응익부담도입에의 반대집회가 빈번하게 열리는 등 당사자들의 항의행동이 반복되었다. 장애를 가진 당사자들이 몸으로 막은 항의행동이었다. 앞에서 기술한「5·12『장애인자립지원법』을 생각하는 모두의 포럼」에서의 당사자 발언집을 보면 응익부담제도의 도입으로 서비스를 이용할 수 없게 되거나 시설에 갈 수 없게 되는 등과 같은 절실한 의견들이 있었다.

적은 장애연금만으로 생활하고 있는 장애를 가진 사람들의 입장에서 보면, 이들이 반대하는 것을 이해하는 것은 어렵지 않지만, 이러한 응익부담도입에의 반대는 본래 개호보험제도 창설시에 행해져야 했다. 개호보험은 고령자복지에 응익부담을 가져오기 위한 것이었고, 많은 장애인이 비판하고 있는 것과 같이 사회참가나 이동개호를 보장하지 않는 시스템으로 사회복지분야에서 사회보험방식과 응익부담제도 도입의 발단이 되었기 때문이다. 개호보험제도 도입 당시에는, 그것이「개호의 사회화」라는 명목 하에 감추어져 있었고, 또한 요개호고령자나 그 가족의 운동도 미약하여(본래 요개호고령자나 그 가족은 비판이나 운동을 일으킬 기력조차 상실한 가혹한 상황에 처해 있는 경우가 많아, 장애인들의 당사자단체와 같은 당사자조직을 가지고 있지 않음) 비판이나 운동이 일어나지 않았던 것으로 생각된다.

한편,「개호의 사회화」가 실현된다면 이라는 기대를 가지고 응익부담도입을 포함한 개호보험제도의 창설에 찬성한 사람들에게도 급부억제를 전면적으로 내걸고「개호의 사회화」이념을 버린 개정개호보험법은 명백히 배신행위가 될 것이다. 그런데도 불구하고, 사람들이 개정개호보험법을 비판하는 의견은 별로 들을 수 없다. 당초,「개호의 사회화」를 소리 높여 외치면서 개호보험제도도입을 찬성하였지만, 실제로 개호보험시행 후에는 개호보험에 대해 침묵하고 있는 연구자나 평론가도 있다.

어떻든간에, 장애인자립지원법의 성립으로 장애인복지분야

에서도 개호보험 하에서 나타나는 서비스의 이용억제, 나아가서는 진료억제가 빈번하게 발생할 것은 예측할 수 있다. 정신장애인의 통원의료비도 5%에서 10%로 2배 증가하게 되었는데, 정신장애인들이 진료를 받는 것을 억제하는 것은 치명적으로 조기치료를 어렵게 하고 자살자를 증가시키는 것이 아닐까 하고 우려하는 관계자도 있다. 이것이 바로 「복지가 사람을 죽인다」고 하는 것이 현실적으로 나타나게 되는 것을 의미한다. 이렇게 될 경우에 과연 누구에게 책임이 있는 것일까. 법안을 제출한 후생노동성이나 법안에 찬성한 국회의원에게 책임은 없는 것일까. 어떤 후생노동성 관료가 말한 것과 같이 서비스의 이용억제와 진료억제는 본인의 「자기결정」(정확히 말하자면, 이용하고 싶지만 돈이 없어서 강제된 자기결정)이라고 해서 방치할 수 있는 것일까.

결국, 장애인자립지원법이 지향하고 있는 것은 개호보험과 장애인복지의 통합, 나아가서는 사회복지의 보험화이다. 최근 후생노동성의 인사이동으로, 나까무라 노건국장(현재는 사회·원호국장)을 비롯하여 개호보험법 개정에 관련된 직원의 대부분이 장애인복지담당부서로 이동하게 되었는데, 여기에서도 알 수 있듯이, 후생노동성 내부에서는 개호보험과 장애인복지와의 통합(아마도 2009년 통합)은 기정사실화되어있다고 봐도 좋을 것이다. 이대로는 개호보험재정 파탄을 지연하기 위해 부담을 증가시키고 급부를 억제시키는 시책이 반복될 가능성이 높다. 사회보험방식의 한계는 명백한데 후생노동성이 사회보험방식을 고집하는 것은 사회보험료가 재원이 되고 후생노동성의 권한이 강화되어서인지도 모른다(당연, 관료의 낙하산 인사도 증가하게 됨).

그렇다고 하더라도, 장애인자립지원법에서 응익부담도입에의 반대운동으로 축적된 장애인운동의 축적은 앞으로 재부상할 것으로 예측되는 개호보험과 장애인복지와의 통합문제를 계기로 고령자운동과의 연계도 갖게 하면서 새로운 전개를 보일 가능성이 있다. 응익부담과 한정적인 개호보장밖에 없는 개호보험의 발본적인 검토가 필요하게 될 것이고, 불복심사나 행정소송으로 전개되는 사례도 증가할 것이다. 사회복지의 보험화를 저지하고, 본래의 의미에서 보편적인 사회복지제도를 구축하는 길이 희미하게지만 보이고 있다.

본서가 나오기까지 여러 가지 형태로 조언과 도움을 주신 분이 많다. 한 분 한 분 개별적으로 이름을 열거하지는 못하지만, 연구회나 학습회에서, 귀중한 시간을 할애하여 주신 고령자나 장애인, 그 가족, 현장의 의사, 간호사, 보건사, 사회복지사, 시설종사자, 홈헬퍼나 개호지원전문원들에게 감사의 인사를 드린다. 개정 개호보험에 관련된 해설서 등도 부족한 가운데, 여러 가지 무리한 상황에서 본서의 내용, 교정 등을 담당해 주신 야마부끼 서점 편집부 우라마쯔 씨께도 감사드린다.

또한, 본서에서는 충분히 전개하지 못한 응익부담의 이념과 생존권이념, 복지의 권리와의 관련에 대해서는 이론적인 고찰을 추가하여 현재『임금과 사회보장』에 연재중인「장애인자립지원법과 복지의 권리」논문을 정리하여 간행할 예정이다. 격동의 시대이지만, 이념을 잃지 않고 앞으로도 고령자나 장애인의 권리보장이라고 하는 관점에서 연구와 정책제언을 지속적으로 하고 싶다.

2005년 2월

**이토우 슈헤이**

# 찾아보기

### ㅊ



### ㅌ



### ㅍ



### ㅎ

## 옮긴이

**장세철**

현재 한서대학교 노인복지학과 교수

**§학력 및 경력**

일본 東洋대학대학원 사회학연구과 박사과정 졸업(사회복지학 박사)

가톨릭상지대학 사회복지학과 교수 역임

**권순호**

현재 일본 龍谷대학교대학원 박사과정 재학중

**§학력 및 경력**

한서대학교 노인복지학과 졸업

부천시소사구노인복지회관 근무

**김윤진**

현재 일본 東洋대학대학원 석사과정 재학중

**§학력 및 경력**

한서대학교 노인복지학과 졸업

### 박현정

현재 일본 센다이대학 교수(전임교원)

**§학력 및 경력**

한서대학교 노인복지학과 졸업

일본사회사업대학 대학원 박사과정 재학중

일본 나가오카간호복지전문학교 전임교원 역임

### 이서영

현재 서울사이버대학교 노인복지학과 교수(전임강사)

**§학력 및 경력**

한서대학교 노인복지학과 졸업

일본 東洋大學大學院 박사과정 졸업(사회복지학 박사)

한서대 노인복지학과 시간강사 및 겸임교수 역임

농촌자원개발연구소 박사후연구원 역임

### 조문기

현재 일본 桃山학원대학대학원 석사과정 재학중

**§학력 및 경력**

한서대학교 노인복지학과졸업

충남서부장애인종합복지관 사회상담재활팀(상담원) 근무

일본 특별양호노인홈 고향의 집 근무(일본 홈헬퍼 2급 자격 소지)

**개정 개호보험과 사회보장개혁**

2008년 8월 25일 1판 1쇄 인쇄
2008년 8월 30일 1판 1쇄 발행

저 자 : 이 토 우 슈 헤 이
옮긴이 : 장세철 · 권순호 · 김윤진
박현정 · 이서영 · 조문기
발행인 : 김 동 규
발행처 : 교육과학사

역자와의 협의하에 인지생략

경기도 파주시 교하읍 문발리
파주출판문화정보산업단지 514-5
전화 (031) 955-6956~8 / FAX (031) 955-6037
Home-page : www.kyoyookbook.co.kr
E-mail : kyoyook@chol.com
등록 : 1970년 5월 18일 제2-73호

낙장·파본은 교환해 드립니다.
Printed in Korea.

정가 11,000 원
ISBN 978-89-254-0212-3